Aus Freude am Lesen

btb

Buch

Die Philosophie ist in den Alltag zurückgekehrt. Wurde ihr noch vor ein paar Jahren eher in Universitätsseminaren gefrönt, gehört heute die Beschäftigung mit der »Königin der Wissenschaften« geradezu zum guten Ton. Nicht unmaßgeblich beteiligt an dieser Entwicklung ist Luciano De Crescenzo, war er doch einer der ersten, der mit seinen Büchern bewies, wie vergnüglich und unterhaltsam Philosophie sein kann.

Zwei Prinzipien, so der Autor in seinem neuesten Werk, regieren das Universum: die Ordnung und die Unordnung. Und er macht sich daran, ihre Rolle in unserem Leben zu untersuchen. Wie wirken sie zusammen? In welchen Bereichen herrscht welches Gesetz vor? Welche Vor- und Nachteile, welche Tücken und Stärken haben diese so gegensätzlichen Kräfte, die den Lauf der Welt entscheidend bestimmen?

Neapolitanische Anekdoten folgen auf philosophische Betrachtungen, Ausflüge in die Mythologie auf auto-biographische Erlebnisse, spritzig humorvolle Geschichten auf prinzipielle Überlegungen zum Thema Ordnung und Unordnung. Wie kein anderer versteht es Luciano De Crescenzo, ein Thema auf höchst amüsante Weise von den verschiedensten Seiten zu beleuchten und dabei nie lang-weilig zu dozieren. Darin liegt die Stärke des Autors, der inzwischen in Italien zu einer Institution geworden ist.

Autor

Luciano De Crescenzo, geboren in Neapel, arbeitete als Ingenieur bei IBM, bis der überwältigende Erfolg von »Also sprach Bellavista« sein Leben radikal veränderte. Was immer er danach schrieb – es wurde ein Bestseller.

Luciano De Crescenzo bei btb

Luciano De Crescenzo

Die Kunst der Unordnung

Aus dem Italienischen
von Bruno Genzler

btb

Die Originalausgabe erschien 1996 unter dem Titel
»Ordine e Disordine« bei Arnoldo Mondadori Editore, Milano

Umwelthinweis:
Alle bedruckten Materialien dieses Taschenbuches
sind chlorfrei und umweltschonend.

btb Taschenbücher erscheinen im Goldmann Verlag,
einem Unternehmen der Verlagsgruppe Bertelsmann.

1. Auflage
Genehmigte Taschenbuchausgabe Januar 1999
Copyright © 1996 by Luciano De Crescenzo
First published by Arnoldo Mondadori Editore, Milano, 1996
Copyright © der deutschsprachigen Ausgabe 1997
by Albrecht Knaus Verlag, München,
in der Verlagsgruppe Bertelsmann GmbH
Umschlaggestaltung: Design Team München
Umschlagfoto: AKG, Berlin
Satz: Filmsatz Schröter GmbH, München
KR · Herstellung: Augustin Wiesbeck
Made in Germany
ISBN 3-442-72420-1

Für Michelangelo

Man muß noch Chaos in sich tragen,
um einen tanzenden Stern gebären zu können.

FRIEDRICH W. NIETZSCHE

Inhalt

Vorwort

In meinem Berufsleben hatte ich Gelegenheit, zwei extrem gegensätzliche Welten kennenzulernen: zunächst jene der Computer bei IBM, wo Ordnung als mentale Einstellung für den beruflichen Aufstieg unentbehrlich ist, dann die Welt der Kunst und der Unterhaltung, in der Unordnung geradezu als Voraussetzung für den Erfolg gilt. Nach und nach lernte ich jedoch, beide Prinzipien, Ordnung und Unordnung, zu nutzen und mich dabei niemals im voraus auf eines festzulegen. In diesem Buch möchte ich versuchen, beider Vor- und Nachteile näher zu beleuchten.

Eigentlich würde ich meine Gedanken ganz gerne so, wie sie mir gerade in den Sinn kommen, zu Papier bringen. Jedoch liefe ich dabei leicht Gefahr, zu weit vom Thema abzuschweifen. Besser wäre es wohl, eine Gliederung zu erstellen oder zumindest eine kurze Auflistung der Punkte, die ich behandeln will. So könnte ich zum Beispiel mit Ordnung und Unordnung in der Politik beginnen, dann zur Kunst übergehen, zu Liebe und Kleidung, um schließlich mit der Philosophie einen glanzvollen Schlußpunkt zu setzen... Doch halt – würde ich auf diese Weise meiner

Phantasie nicht zu straffe Zügel anlegen? Also lasse ich wohl doch lieber meinen Gedanken freien Lauf, achte aber stets darauf, mein eigentliches Anliegen nicht zu weit aus den Augen zu verlieren... Schon gut, ich habe verstanden: Auch für eine Abhandlung über die Unordnung ist ein Mindestmaß an Ordnung notwendig.

I

Ein glatter Vierer

Wer könnte je den Abend vergessen, als Alfonso Pisacane, auch Fofò genannt, eine *quaterna secca*, das heißt einen lupenreinen Vierer in der Lotterie von Neapel schaffte. Es gab ein Fest, bei dem ich mich mehr amüsierte als jemals zuvor oder danach in meinem Leben.

Das war Anfang der fünfziger Jahre. Natalino Otto sang *Ritmo, ritmo, ritmo per favore*, und jedesmal, wenn das Lied im Radio lief, verließ mein Vater empört das Eßzimmer. Er rief noch ein erregtes «Afrika!» und kehrte erst wieder zurück, wenn das Lied zu Ende war. Meine Mutter hingegen war von sehr viel sanfterem Wesen und begnügte sich mit einem bescheidenen «Wo soll das nur alles enden?»

Mit Ausnahme des Flottenbesitzers Achille Lauro waren wir damals in Neapel alle arm, bettelarm sogar. Autos waren so selten, daß die Polizisten bei einem Vergehen darauf verzichten konnten, das Nummernschild aufzuschreiben. Sie kannten sie alle auswendig. Das Wort *Weekend* war noch unbekannt, und Huhn aß man nur, wenn man krank war – oder das Huhn krank war. An Reisen ins Ausland dachte niemand. Und wenn doch, wurde nur eine einfache

Fahrkarte gelöst. Das nicht nur, weil es zu mehr nicht gereicht hätte, sondern weil ein Emigrant eine Rückfahrkarte sowieso nicht hätte brauchen können. Ein Taxi nahm man in Notfällen, wenn man ins Krankenhaus mußte, jedoch nur bei Brüchen der unteren Gliedmaßen. Bei einem Armbruch reichte die Straßenbahn. Der Lebensstandard einer italienischen Durchschnittsfamilie ließ auch Restaurantbesuche nicht zu, außer bei großen Familienfesten wie Firmung, Taufe, Erstkommunion oder Hochzeit. Sogar den Reichen, den sogenannten Wohlhabenden, ging es nicht sonderlich gut.

Fofò hingegen war die große Ausnahme. Er lebte wie ein Millionär, obwohl er eigentlich keine Lire in der Tasche hatte. Keine Ahnung, wie er das fertigbrachte. Jedenfalls war er das, was man in Neapel einen *scapocchione*, also einen Lebemann nennt. Er hatte einen alten Triumph, einen Mantel mit Pelzkragen und eine Verlobte, die von Kopf bis Fuß mit Juwelen behängt war. Gut, sie waren nicht echt, aber, echt hin oder her, immerhin trug sie welche und unsere Freundinnen nicht. Er war so um die Vierzig, trug die Haare lang bis auf den Hemdkragen, und seine Hände verrieten eine regelmäßige Maniküre. Der einzige Beruf, den er beherrschte, war Pokerspielen. Zum Leidwesen seiner Mitspieler aber hatte noch nie jemand erlebt, daß er auch nur hundert Lire aus seiner Geldbörse hervorgeholt hätte. Wenn er verloren hatte, erhob er sich betont ruhig und murmelte:

«Innerhalb von vierundzwanzig Stunden werde ich meine Schuld begleichen.»

Die vierundzwanzig Stunden vergingen, und er beglich absolut nichts. So kam es, daß er aus allen Klubs der Stadt verjagt wurde. Vergeblich versuchte er, in einer anderen Stadt, in Rom, Fuß zu fassen. Die römischen Klubs, rechtzeitig von denen in Neapel informiert, schlugen ihm die Tür vor der Nase zu. Der einzige Verein, in dem er sich noch blicken lassen durfte, war der Tennisklub Vomero, allerdings nur unter der Bedingung, daß er sich vom Spielsalon, euphemistisch Lesesaal genannt, fernhielt.

Es hieß, Fofò habe einmal, direkt nach dem Krieg, die Spielbank von Monte Carlo gesprengt, woraufhin ihn der Kasinodirektor höchstpersönlich angefleht habe, den Roulettetisch zu verlassen, damit die anderen Spieler nicht weiter auf seine Zahlen setzen konnten. Es war niemand anderer als Fofò selbst, der von solch unglaublichen Dingen berichtete, doch da wir seine Geschichten gerne hörten, zog keiner sie in Zweifel.

«Und dann?» fragten wir ihn. «Was hast du mit dem ganzen Geld gemacht?»

«Das weiß ich nicht mehr, und es ist auch nicht wichtig», antwortete er mit verächtlicher Miene. «Geld ist mir zuwider!»

Es klingt unglaublich, aber Fofò hatte einen Zwillingsbruder, der ihm praktisch in nichts ähnelte. War jener ein Spieler, ein Abenteurer, Hurenbock und Aufschneider, so war der Zwillingsbruder gesetzt, vernünftig, ehrlich und fromm. Fofò machte allen Frauen, die ihm über den Weg liefen, den Hof. Sein Bruder wagte es dem weiblichen Geschlecht gegenüber noch nicht einmal, den Blick zu heben: Er war ernst, immer pünktlich, sittenstreng und hätte seine Frau um keinen Preis der Welt je betrogen.

Dr. Emiliano Pisacane war seit Ewigkeiten Notar (fast hätte ich geschrieben, seit seiner Geburt) und hatte eine Literaturlehrerin geheiratet, die ihm vier Kinder gebar: Das erste hieß Osvaldo wie der Großvater, das zweite Assunta wie die Großmutter, das dritte Maria Addolorata wie die Madonna, und das vierte Maria Sofia wie die letzte bourbonische Königin, eine Schwester der österreichischen Kaiserin Elisabeth.

Jeden Sonntagmorgen um neun Uhr erschienen sie alle sechs in Reih und Glied, streng dem Alter nach geordnet, vor der Kirche San Francesco in der Via Aniello Falcone. Fofò behauptete, man hätte nach dem Zeitpunkt, wenn die Familie Pisacane das Kirchenportal durchschritt, die Uhren des Observatoriums von Greenwich stellen können.

Wir aus dem Klub hatten die Zwillinge «Ordnung» und «Unordnung» getauft. Denn wer hätte besser als sie diese beiden kosmischen Kräfte verkörpern können? Professore Urbani, der einzige Philosoph unter den Mitgliedern des Tennisklubs Vomero, vertrat die Ansicht, sie seien nur mütterlicherseits Zwillinge, weil sie in einer Vollmondnacht von zwei verschiedenen Göttern des Olymp gezeugt worden seien: der Notar von Apollon und Fofò von Dionysos.

«Wieso das?» fragten wir.

«Lest bei Nietzsche nach», beschied er uns knapp, empört, daß sich keiner von uns in der *Geburt der Tragödie* auskannte.

Über den Notar kursierten seltsame Geschichten, wie die von seiner großen, unglücklichen Liebe. Danach soll sich der zweiundzwanzigjährige Emiliano in eine Kommilitonin verliebt haben, eine gewisse Caterina Improta, auch «Caterina die Gute» genannt, um sie von einer anderen Caterina Improta, «Caterina der Häßlichen», zu unterscheiden. Und es hieß, die «Gute» hätte den Avancen des angehenden Notars auch gerne Gehör geschenkt, wäre sie nicht schon mit seinem besten Freund verlobt gewesen. In dieser Situation mußte sich Emiliano entscheiden, entweder den Freund zu verraten oder auf die große Liebe zu verzichten. Natürlich wählte er letzteres. Und nicht nur das. Er stellte sich auch noch als Trauzeuge zur Verfügung. Fofò erzählte, daß der Bruder gerade in dem Moment, als er seine Unterschrift zu leisten hatte, eine große Träne genau auf den Namen der Braut habe fallen lassen.

17

«Und was hättest du an seiner Stelle getan?» fragten wir Fofò. «Hättest du versucht, die Heirat irgendwie zu verhindern?»

«Um Himmels willen, nein», antwortete er mit todernster Miene. «Ich hätte sie heiraten lassen, und dann, bei der erstbesten Gelegenheit, wenn mein Freund im Büro gewesen wäre, hätte ich sie mir ins Bett geholt. Mein Bruder aber leidet gern. Man stelle sich vor: Er schläft noch mit seiner eigenen Frau, nach siebzehn Jahren Ehe!»

Aber kommen wir zu dem Tag mit dem glatten Vierer zurück. Es war ein verregneter Samstag im November, und wie immer langweilte man sich im Klub zu Tode. Ich saß da mit dem «Mattino» in der Hand und studierte die Filme, die abends im Vomero liefen, als mich plötzlich ein furchterregender Schrei vom Eingang her aufschreckte. Er kam von Carmine, dem Oberkellner.

«Ein glatter Vierer, ein glatter Vierer!»

Wir stürzten alle raus in den Nebenraum, wo aufgeregtes Stimmengewirr herrschte, und sahen Fofò Pisacane, der mit zitternder Hand einen Lottoschein durch die Luft schwenkte, auf dem in schöner Reihenfolge vier der fünf am Abend in der Lotterie von Neapel gezogenen Zahlen standen. Und zwar 10, 16, 22 und 36. Fofò und Carmine hatten der Ziehung am Radio beigewohnt.

«Wie ist das nur möglich, vier Richtige, und auch noch in der richtigen Reihenfolge?» fragte Carmine fassungslos die Umstehenden mit Tränen in den Augen, in der Vorfreude auf ein üppiges Trinkgeld, das Fofò hoffentlich für ihn lockermachen würde.

«Wieviel hast du gewonnen? Wieviel?» fragten wir den glücklichen Gewinner.

«Keine Ahnung», antwortete Fofò mit schwacher Stimme, so als stünde er kurz vor einer Ohnmacht. «Ich habe hundert Lire gesetzt.»

«Einen glatten Vierer?»

«Einen glatten Vierer.»

«In der Lotterie von Neapel?»

«In der Lotterie von Neapel.»

Dottore Avallone, Inhaber einer bekannten Matratzenfabrik, der praktisch ein Diplom in Lotto- und Lotteriewesen besaß, machte sofort die Rechnung auf.

«Bei einem Vierer wird das Achtzigtausendfache des Einsatzes gezahlt. Die Rechnung ist also mehr als einfach: Hundert mal achtzigtausend ergibt acht Millionen!»

«Acht Millionen!» stöhnte Carmine, während er sich schwer auf einen Sessel fallen ließ. «Und wieviel sind acht Millionen?»

«Acht Millionen eben», antwortete Dottore Avallone, der sich nie verrechnete.

Acht Millionen waren 1952 tatsächlich eine respektable Summe. Zum Vergleich, drei Jahre später betrug im Fernsehquiz «Lascia o Raddoppia» der Hauptgewinn «nur» fünf Millionen. Für acht konnte man sich eine schöne Wohnung mit zwei Bädern im Zentrum von Neapel zulegen.

Das Ereignis sprach sich in Schallgeschwindigkeit herum. Innerhalb weniger Minuten gab es in Neapel keinen Wassersportklub, keine Kulturvereinigung, keine Mieterversammlung und keinen feinen Salon mehr, wo nicht der Vierer von Fofò Pisacane kommentiert worden wäre. Nur über die Gewinnsumme herrschte Unklarheit: Manche sprachen von einer Million, andere von hundert Millionen. Bald kamen die ersten Anrufe.

«Stimmt das?»

«Ja, das stimmt.»

«Habt ihr das überprüft?»

«Wir haben im Rundfunk angerufen, und sie haben die Zahlen bestätigt. Alle vier, 10, 16, 22, 36, genau wie er sie getippt hat, in der richtigen Reihenfolge.»

«Wie hat er das nur geschafft. Vier Richtige. Er wird die Zahlen geträumt haben.»

«Das glaube ich nicht. Wenn ihr die Zahlen etwas genauer betrachtet, werdet ihr feststellen, daß sie alle etwas mit Fofò zu tun haben: 10 ist der Spieler, 16 das Glück, 22 der Verrückte und 36 der Zwilling. Mit anderen Worten: ‹Du bist der verrückte Zwilling, ein Spieler, der früher oder später Glück haben und ein Vermögen gewinnen wird!›»

«Und wie lautete die fünfte Zahl?»

«65.»

«Die Tränen?»

«Ja genau, die Tränen. Eine Zahl, die überhaupt nicht zu Fofò paßt. Soviel ich weiß, hat ihn noch nie jemand weinen sehen.»

«Und wieviel hat er gewonnen?»

«Acht Millionen.»

«Unglaublich!»

Noch am selben Abend wurden die letzten Zweifel beseitigt. Fofò lud all seine Freunde für den nächsten Tag zu einem Festessen ein. Er wählte das Restaurant «Salvatore ai Camaldoli», ein feines Lokal, das in ganz Neapel wegen seines «Ragù alla cafona» berühmt war. Nur die männlichen Klubmitglieder waren geladen. Für die weibliche Begleitung (so sagte er) würde er persönlich sorgen. Und in der Tat erblickten wir, als wir das Restaurant betraten, vierundzwanzig Prostituierte, alle im Sonntagsstaat, die uns mit einem Lächeln auf den Lippen erwarteten. Der Vollständigkeit halber sei erwähnt, daß Fofò sie für den Preis von je dreitausend Lire, alles inklusive, engagiert hatte. Wir nahmen auf den freien Stühlen Platz, so daß sich folgende Sitzordnung ergab: ein

Klubmitglied, eine Prostituierte, ein Klubmitglied, eine Prostituierte... Achtundvierzig Personen insgesamt, neunundvierzig mit Fofò. In Anbetracht der charmanten Gesellschafterinnen hatte der Gastgeber darauf verzichtet, seine Verlobte mitzubringen.

Der glückliche Gewinner begrüßte uns mit einem Glas Champagner in der Hand und ließ auf die Frauen, die Lottogesellschaft und das Leben anstoßen. Dann rief er die Kellner zu sich, und nachdem er fünf Scheine zu tausend Lire, breit wie Bettücher, aus der Tasche gezogen hatte, sagte er:

«Seht ihr diese Scheine? Die werde ich Don Salvatore am Ende des Mahls als Trinkgeld aushändigen. Ich verlange jedoch, daß all meine Freunde diesen Saal nur in betrunkenem Zustand verlassen. Diesen Abend soll keiner je vergessen, und eure Aufgabe ist es, für stets volle Gläser zu sorgen.»

«Den werden sie nicht vergessen, Dotto, den werden sie nicht vergessen!» antworteten die Kellner im Chor und dankten mit donnerndem Applaus.

Nach dem Essen gingen die Lichter aus, und vier Torten wurden in den Saal getragen. Auf jeder war eine Zahl aus Schokolade aufgespritzt, darum herum die entsprechende Anzahl Kerzen. Natürlich handelte es sich um Fofòs Gewinnzahlen.

Während erneut angestoßen wurde, verlangten alle lautstark eine Rede.

Seit damals ist viel Zeit vergangen, so daß ich mich natürlich nicht mehr an den genauen Wortlaut erinnern kann. Dem Sinn nach sagte Fofò aber folgendes:

«Liebste Freunde, ist euch nie der Gedanke gekommen, daß Geld im Grunde zu verachten ist? Hört mir einen Moment zu, dann werdet ihr einsehen, daß ich recht habe. Ein Tausendlireschein ist nichts weiter als ein Stück Papier – oft ein dreckiges noch dazu. Nur wir mit unserer Verbohrtheit, unserer Unfähigkeit, den wahren Sinn des Lebens zu erkennen, sind es, die ihm solch ein Gewicht geben. Heute bin ich reich, und ihr schaut mich freudestrahlend an. Gestern war ich arm, und ihr habt die Straßenseite gewechselt, wenn ihr mich saht, aus Angst, ich könne euch um hundert Lire angehen. Und doch bin ich, Alfonso Pisacane, Fofò genannt, immer derselbe geblieben. War ich gestern ein rechtschaffener Mensch, so bin ich es heute auch. War ich gestern ein schlechter Mensch, so muß ich es auch heute noch sein. Und deshalb frage ich euch: Wie ist es möglich, daß euer Urteil über mich nur davon abhängt, wieviel Geld hier in meiner Gesäßtasche steckt?»

Rauschender Beifall. Besonders die käuflichen Damen stimmten ihm begeistert zu. Alle hoben ihre Gläser, um erneut anzustoßen, doch Fofò war noch nicht fertig. Er bat seine Freunde, wieder Platz zu nehmen, nahm aus seiner Brieftasche den Gewinnschein und ließ ihn an den Tischen rundgehen. Nacheinander durfte jeder den magischen Papierstreifen mit ehrfürchtiger Bewunderung zur Hand nehmen.

«Das ist er also, der Urheber des Wunders: mein Gewinnschein, das Objekt, das eure Meinung über mich so grundlegend verändert hat. Schaut ihn euch gut an: Es sind ‹nur› acht Millionen. Morgen werde ich mich, begleitet von meinem hier anwesenden Anwalt Gambardella, zum Sitz der ‹Ente Lotto e Lotterie› in Neapel begeben und mir die gesamte Summe auf mein Bankkonto überweisen lassen. Acht Millionen Lire. Doch ich frage mich: Wozu könnten mir diese acht Millionen dienen. Um geliebt zu werden? Um gesund zu bleiben? Um unsterblich zu werden? Nein! Man könnte mir antworten: um all meine Wünsche zu erfüllen. Gut, was könnten das für Wünsche sein? Ein Glas Champagner vielleicht? Ich habe gerade eins getrunken. Ein Teller ‹Tagliatelle al ragù›? Habe ich gerade gegessen. Die Gesellschaft einer schönen Frau? Könnt ihr haben, noch heute abend, wenn ihr wollt. Doch ich frage euch: Glaubt ihr wirklich, danach, wenn ihr sie besessen habt, wärt ihr glücklicher? Sicher nicht! Mit Geld läßt sich kein Glück kaufen. Allein das Unerwartete, die Ausschweifung, der Wahnsinn, die Unordnung können euch für das Warten entschädigen. Und aus diesem Grund habe ich für euch alle noch eine weitere Überraschung vorbereitet. Aber dazu später. Also, liebe Freunde, denkt an meine Worte: Übt euch in *achre-*

matía, der Loslösung vom Reichtum, und laßt euch nicht vom Geld korrumpieren.»

Erneut Beifall, Gelächter, Gläser, die zusammenstoßen. Und dann, noch bevor der Kaffee serviert wurde, der Paukenschlag: Fofò verschwand für immer, aus dem Restaurant, aus dem Klub, aus unserem Leben. Erklärung: Er hatte nie im Lotto gewonnen und besaß nicht mal genug Geld, um die Rechnung zu bezahlen.

Von Fofò hat man nie wieder etwas gehört. Manche behaupteten, er sei nach Indien ausgewandert, andere vermuteten ihn in Südamerika, wieder andere in Ägypten (wo ihn jemand auf einem Nil-Boot beim Rommèspielen mit einem arabischen Scheich gesehen haben wollte). Sogar Australien wurde genannt, wo er sich den Lebensunterhalt durch, natürlich getürkte, Kämpfe im Känguruhboxen verdiene.

Was jedoch gleich nach Fofòs Verschwinden im Restaurant geschah, zählt heute zu den legendären Ereignissen in der Geschichte des Tennisklubs Vomero. Die käuflichen Damen verlangten von jedem Kavalier die ausgemachten dreitausend Lire. Verständlicherweise weigerten sich die Mitglieder.

Ich gab das meiner Tischnachbarin klar und deutlich zu verstehen:

«Werte Dame, ich kenne Sie nicht und bin auch nie in den Genuß gekommen, Ihre beruflichen Fertigkeiten, von denen ich selbstverständlich überzeugt bin, kennenzulernen. Danken Sie Gott, daß Sie an einem schönen Festessen teilnehmen durften, und verlangen Sie nicht mehr vom Schicksal.»

Daraufhin nannte sie mich «schwulen Hund» und schlug mir ihre Handtasche auf den Kopf.

Don Salvatore, der Restaurantbesitzer, ließ alle Türen doppelt verschließen und erklärte schreiend und wild gestikulierend, keiner werde sein Lokal verlassen, der nicht zuvor die Rechnung für sich und seine Tischdame beglichen habe. Rechtsanwalt Gambardella kündigte ihm daraufhin an, er werde ihn wegen Freiheitsberaubung anzeigen. Don Salvatore antwortete, er sei es, der Anzeige erstatte, und zwar wegen Bandenbildung.

Die Kellner hatten flugs ihre Forderungen berechnet und verlangten nun von jedem von uns zweihundertzehn Lire, also die von Fofò versprochenen fünftausend geteilt durch die Anzahl der anwesenden Herren.

Während alle wild durcheinanderschrien, versuchte Ingenieur Perrone Capano noch schnell seinen Nachtisch zu verzehren. Doch Don Salvatore kam ihm zuvor und zog ihm den Teller mit den Worten «Du Dieb» unter der Nase fort. Erneute Drohung, Anzeige zu erstatten, von seiten Perrone Capanos. Drohung einer Gegenanzeige wegen Bandenbildung von seiten Don Salvatores. Die Carabinieri rückten an, und wir alle, einschließlich der Huren, wurden aufgefordert, uns auszuweisen. Erst danach durften wir den Saal verlassen. Meine Tischdame folgte mir noch bis zur Bushaltestelle und machte einen letzten Versuch, sich mit mir zu einigen.

«Weißt du, daß du mir gefällst?» sagte sie. «Warum kommst du nicht mit zu mir. Ich gehe auch mit dem Preis runter: Zweitausend Lire für die ganze Nacht, und die Sache ist vergessen.»

Am Tag darauf wurden die Ereignisse überall eifrig kommentiert.

«Wenn ihr mich fragt, wollte er ohnehin aus Neapel fort. Und dazu hat er sich einen unvergeßlichen Abschied einfallen lassen.»

«Wahrscheinlich. Trotzdem, fast tut es mir leid, daß er keinen Vierer getippt hat. Im Grunde hätte er ihn verdient gehabt.»

«Don Salvatore könnte sich mit seinen Forderungen an den Bruder halten.»

«Du bist gut. Der wird ihm was husten. Der Notar hat seinen Bruder doch immer verleugnet. Einmal hat Peppino Avitabile sich wegen Spielschulden seines Bruders an ihn gewandt. Und was bekam er zu hören? ‹Signor Alfonso Pisacane ist überall in der Stadt als zahlungsunfähig bekannt. Ich wundere mich, daß Sie sich mit diesem Herrn an einen Tisch setzen!›»

«Wer hat ihn eigentlich zuletzt gesehen?»

«Carmelina, die Garderobenfrau. Sie erzählte, daß er an ihr vorbei hinaus ist, sich eine Sekunde später aber noch einmal an der Tür gezeigt und zu ihr gesagt hat: ‹Carmelì, Geld ist mir zuwider!›»

II
Die Mathematik

Mathematik bedeutet Ordnung schlechthin. Daran läßt sich nicht rütteln. Doch wenn man sich mit der Materie etwas näher beschäftigt, kann man feststellen, daß auch der Mathematik eine gewisse Unordnung nicht fremd ist. Schauen wir uns an, wieso.

Alles begann, als ich im Flur des Jacopo-Sannazaro-Gymnasiums die dort ausgehängten Prüfungsergebnisse studierte. Ich hatte also mein Abitur im humanistischen Zweig mit hervorragenden Noten sowohl in Mathematik und Physik als auch in Philosophie bestanden. Nun stand ich vor der Wahl: Sollte ich ein technisch-naturwissenschaftliches Studienfach wählen, wie Ingenieurwissenschaften zum Beispiel, oder meine humanistischen Studien fortsetzen und mich an der Fakultät für klassische Philologie und Philosophie einschreiben? Ideal wäre natürlich ein Studiengang in Mathematik und Philosophie gewesen. Nur gab es den damals noch nicht. Also, was sollte ich tun?

«Mensch, was hat nur Philologie mit Philosophie zu tun», fluchte ich vor mich hin. «Wozu Griechisch und Latein studieren, wenn es zahllose, durchaus verständliche Übersetzungen der Klassiker gibt. Es kommt doch darauf an, die Philosophen zu verstehen und nicht, sie zu übersetzen.* Mathematik und Philosophie haben dagegen viele Berührungspunkte: Beide Disziplinen erfordern eine ausgeprägte Fähigkeit zu logischem Denken, jedoch auch ein gewisses Maß an Reflexion. Nicht zufällig waren doch viele große Philosophen gleichzeitig auch große Mathematiker.»

Dann schaltete sich mein Vater ein.

«Wenn du bei uns in Italien verhungern willst, dann werde Latein- und Griechischlehrer. Ein erbärmliches Leben: morgens Schule und nachmittags Nachhilfe für irgendwelche vernagelten Schüler. Nur den Bettlern vor der Kirche geht es schlechter!»

Den entscheidenden Anstoß erhielt ich von Gabry (mit der ich mein erstes richtiges sexuelles Erlebnis hatte, nicht zu verwechseln mit Giuliana, meiner ersten spirituellen Liebe). Gabry war ein Jahr älter als ich und studierte im zweiten Semester Mathematik. Ich traf sie zufällig in der Zahnradbahn, genau an dem Tag, als ich zur Universität unterwegs war, um mich immatrikulieren zu lassen.

«Wo mußt du denn hin?» fragte sie.

* Damals war mir noch nicht klar, wie wichtig eine gute Übersetzung für das richtige Verständnis eines klassischen Autors ist.

30

«Zur Uni.»

«Was? Bist du denn schon mit der Schule fertig?»

«Klar. Im Juni habe ich Abitur gemacht, mit ziemlich guten Noten sogar.»

«Komisch. Ich dachte, du wärst noch jünger. Und was willst du studieren?»

«Philologie und Philosophie.»

«Philologie und Philosophie?! Hast du sie denn noch alle?! An dem Fachbereich studieren doch nur Langweiler. Also, ich bitte dich, du mußt unbedingt Ingenieurwissenschaften oder wenigstens Architektur studieren. Hast du dir die Frauen vom Fachbereich Philologie einmal angesehen? Eine häßlicher als die andere, mit krummen Beinen und Mundgeruch, den man noch eine Meile gegen den Wind riecht!»

Gabry war Rassistin. Ihre Meinung über die meisten Studenten, vor allem aber über die Philologiestudentinnen, war in etwa mit der Hitlers über die Juden zu vergleichen.

«Hör mir mal gut zu», sagte sie, «du kommst jetzt mit zu Analysis. Da mache ich dich mit einer Physikstudentin bekannt, und ich kann dir versprechen, die haut dich glatt um. Und dann wollen wir doch mal sehen, ob du deine Pläne nicht änderst!»

Vor dem Hörsaal war ich so eingeschüchtert, daß ich mich am liebsten irgendwo verkrochen hätte. Am Eingang bat mich ein Student um eine Zigarette, und einen Moment lang befürchtete ich, er wolle meinen Studentenausweis sehen, um festzustellen, ob ich dort überhaupt etwas zu suchen hatte. Es war tatsächlich das erste Mal, daß ich einen Hörsaal von innen sah, und mein Herz pochte schwer wie der Kolben eines Ottomotors. Irgendwie kam ich mir vor wie bei meinem ersten Bordellbesuch, als ich mein Geburtsdatum im Personalausweis ein wenig verändert hatte, um als volljährig durchzugehen. Gabry stellte mir die Physikstudentin vor, die mich sofort, ohne auch nur nach meinem Namen zu fragen, wie ein Jüngelchen behandelte.

«Wo hast du den denn aufgelesen? Im Kindergarten?»

Meine Antwort war, daß ich mich verliebte. Natürlich nicht in sie, sondern in Professor Renato Caccioppoli, den berühmten «neapolitanischen Mathematiker».

Zunächst hörte ich nur den Applaus von draußen. Dann erschien er. Er war hager, trug eine weiße Gardenie im Knopfloch und lächelte verschmitzt. In seinem Blick lag etwas Russisches. Nicht zufällig, denn, wie ich später erfuhr, war er tatsächlich ein Nachkomme des russischen Anarchisten Bakunin. Offensichtlich handelte es sich nicht um irgendeinen Professor, oder besser, er war nicht nur Professor, sondern auch ein Star, ungefähr so, als wenn Orson Welles sich dazu entschlossen hätte, die Schauspielerei aufzugeben, um Hochschulprofessor zu werden. Zu seinen Vorlesungen kamen alle möglichen Leute. Manche Studenten brachten ihre Verlobten mit, andere ihre Freunde oder Eltern. Kurz und gut, mehr als um eine Analysis-Vorlesung handelte es sich hier um eine künstlerische Darbietung.

Der Professor hatte jetzt seinen bevorzugten Platz zwischen Katheder und Tafel eingenommen und begann seine Vorlesung.

«Die Mathematik», sagte er, «ist wie die Musik. Es gibt ganze Zahlen und Brüche, vergleichbar mit den weißen und schwarzen Tasten auf einem Klavier. Wer hinter das Geheimnis der Mathematik kommen will, muß sich ihr ganz zuwenden, zuerst mit dem Herzen und dann mit dem Kopf.»

Diese Worte reichten mir schon, um die Entscheidung zu treffen, die ich drei Monate lang vor mir hergeschoben hatte: Ich würde mich für Ingenieurswissenschaften einschreiben, bei Caccioppoli Mathematik belegen und mir keine einzige seiner Vorlesungen entgehen lassen. An jenem Tag beschäftigte er sich mit Null und Unendlich.

«Null und Unendlich», erklärte Caccioppoli, «sind keine Zahlen, wie viele glauben, sondern zwei Camorra-Killer. Und das kann ich beweisen: Was passiert, wenn wir Null mit irgendeiner Zahl multiplizieren? Nun, das Ergebnis ist immer null. Das wissen sogar die Studenten, die vom humanistischen Gymnasium kommen (schallendes Gelächter derer, die das naturwissenschaftliche hinter sich hatten). Die Null ist immer stärker als ihr Multiplikator: Sie zerstört ihn, vernichtet ihn, löscht ihn aus. Und das gleiche geschieht mit Unendlich: Unendlich mit einer beliebigen Zahl multipliziert, ergibt immer Unendlich. Man kann also sagen, sowohl Null als auch Unendlich schaffen Produkte nach ihrem eigenen Bild. Was passiert aber, wenn wir Null mit Unendlich multiplizieren. Wer beherrscht hier wen? Wer ist stärker? Wer ist der brutalere Camorra-Killer?»

Caccioppoli wartete einige Sekunden auf eine Antwort, und da niemand es wagte, das Wort zu ergreifen, fuhr er fort.

«Auch hier ist die Antwort ganz einfach. Null mal Unendlich ergibt eine ganz beliebige Zahl: Sagen wir 18, oder auch 27 oder 987. Warum? Weil eine dieser beliebigen Zahlen durch Null geteilt Unendlich ergibt und durch Unendlich geteilt Null.»

Während er sprach schrieb er folgende Formel an die Tafel:

$$\frac{n}{0} = \infty \qquad \frac{n}{\infty} = 0$$

Ich war hingerissen. Stundenlang hätte ich ihm zuhören können, ohne müde zu werden. Außerdem faszinierte mich, wie er beim Sprechen mit den Händen gestikulierte, so als würde er ein Orchester dirigieren.

Seine Hände waren feingliedrig, lang und schmal, und er setzte sie dazu ein, um die Gedanken, auf die es ihm besonders ankam, zu unterstreichen. Sein Jackett wies an den Ellbogen Flecken auf, wahrscheinlich von Wandfarbe oder Kreide, doch auch wenn seine Kleidung etwas vernachlässigt war, wirkte er viel eleganter als alle anderen im Hörsaal.

Nach der Vorlesung wollten ihn einige Studenten nach Hause begleiten. Ich schloß mich ihnen an: Bis in die Hölle wäre ich ihm gefolgt. Unten am Eingang wartete ein Freund auf ihn, Ingenieur Riccio, ein Mann mit einer großen Leidenschaft für Mathematik und Philosophie. Die beiden gingen voraus und tuschelten miteinander, und wir hinterher, die Ohren gespitzt, um ja kein Wort zu verpassen. Ich war der Jüngste in der Gruppe und fühlte mich wie ein Sterblicher, dem man die Gnade erwiesen hatte, dem Gespräch der Götter zu lauschen. Vor mir schritten Apollon und Dionysos, die über Gut und Böse, Ordnung und Unordnung, Null und Unendlich diskutierten. Es war ein schöner, fast noch sommerlicher Septembertag. Wir gingen die Via Diaz entlang, dann die Via Toledo und schließlich die Via Chiaia. Der Professor wohnte am Ende der Via Chiaia im Palazzo Cellamare.

«Sag mal, Renato», fragte irgendwann auf dem Weg der Ingenieur, «was verstehst du unter einer Zahl? Ist sie eine metaphysische Größe, unabhängig

35

von dem Gebrauch, den man von ihr macht, oder ein praktisches Mittel, um einen Teil der Wirklichkeit zu quantifizieren?»

«Nenn mir ein Beispiel», antwortete Caccioppoli.

«Wenn ich beim Obsthändler zwölf Äpfel verlange, möchte ich, daß er mir genau zwölf Äpfel gibt; oder wenn ich dir erzähle, daß ich dreimal meine Freundin geküßt habe, will ich damit sagen, daß ich ihr genau drei Küsse gegeben habe. Keinen mehr und keinen weniger. In diesen Fällen sind Zwölf und Drei keine abstrakten Größen, sondern reale Zahlen, die auf Phänomene der Realität angewendet werden. Wenn ich aber sage, daß Achille Lauro Milliarden besitzt, ist die Zahl plötzlich keine bloße Zahl mehr, sondern ein Begriff. Und jetzt frage ich dich: Kann ich sagen, daß null Äpfel wie null Küsse sind, oder gibt es einen qualitativen Unterschied zwischen der ersten und der zweiten Null?»

«Das hängt vom Gesprächspartner ab», antwortete Caccioppoli. «Wenn du dich mit einem Mathematiker unterhältst, kannst du die Null genauso gebrauchen wie die Drei, die Acht oder jede andere Zahl. Sprichst du aber mit einem Dichter, sieht die Sache schon anders aus. Denn für ihn sind Null und Unendlich keine Zahlen, sondern Ausdruck von Emotionen.»

Der Professor und der Ingenieur blieben vor einem Geschäft für Damenbekleidung stehen. Vor dem

Schaufenster standen zwei Mädchen, die sich über die Preise, Zahlen also, unterhielten. Die eine war ziemlich häßlich, die andere ausgesprochen schön.

«Was meinst du, Renato?» fragte Riccio seinen Freund, «gibt es Schönheit in der Mathematik? Können wir sagen, daß manche Zahlen schön sind, andere hingegen häßlich? Und gibt es Zahlen mit einer sinnlichen Ausstrahlung?»

Der Professor lächelte: Offensichtlich reizte ihn die Frage. «Manchmal, wenn ich ein System besonders komplizierter Differentialgleichungen löse, empfinde ich eine subtile Befriedigung, die einem Orgasmus vergleichbar ist. Und dann gibt es einige Zahlen, die besonders anziehend für mich sind. Ich mag zum Beispiel die 1, die 3, die 7 und die 34.»

«Warum die 34?»

Caccioppoli drehte sich zu uns um und fragte:

«Hat einer von euch ein Blatt Papier da?»

Hastig griffen wir zu unseren Notizblöcken. Der Professor nahm einen entgegen und schrieb darauf die folgenden Zahlen:

16	3	2	13
5	10	11	8
9	6	7	12
4	15	14	1

«Dies ist ein magisches Quadrat», erklärte Caccioppoli. «Egal, wie man die Zahlenreihen zusammenzählt, horizontal oder vertikal, die Summe ist stets 34. Auch die Addition der Eckzahlen oder der Diagonalen ergibt jeweils 34. Und das ist noch nicht alles. Auch die Summe der vier Zahlen in der Mitte ist 34. Genauso die der beiden ersten Zahlen der ersten Reihe (16 und 3) und der beiden ersten der zweiten Reihe (5 und 10). Beeindruckend, nicht? Ja, man könnte sagen, wir haben es hier mit einem Sinnbild der Ordnung zu tun.»

«Und gibt es auch eins für die Unordnung?» fragte Riccio.

Der Professor dachte einen Moment lang nach und antwortete dann:

«Das könnten die irrationalen Zahlen sein, jene Zahlen also, die aus dem Verhältnis zweier inkommensurabler Zahlen entstehen und deren Dezimalen niemals aufhören, sich bis ins Unendliche fortsetzen. Nimm zum Beispiel das Verhältnis zwischen der Seite eines Quadrats und der Diagonalen. Auf den ersten Blick scheint es sich um eine gewöhnliche Division zu handeln, tatsächlich ist es aber ein Geheimnis, das einen nicht mehr losläßt. Und vielleicht zeigt sich gerade in solchen Verhältnissen die Schönheit der Mathematik. Aber überlegen wir etwas genauer: Was ist eigentlich Schönheit? Schönheit ist die Wahrung ausgewogener Proportionen. Und wann gilt ein Gesicht als schön? Wenn die Formen von Mund, Nase, Kinn und so weiter in einem harmonischen Verhältnis zueinander stehen. Eine Zahl an sich ist eigentlich nichtssagend, doch als Verhältnisbestimmung zwischen verschiedenen Größen gewinnt sie eine ästhetische Bedeutung. Der große Pythagoras war allerdings wenig begeistert, als Hippasos einmal dem Volk von Kroton diesen Gedanken gewaltsam nahebringen wollte. Der Verräter mußte fliehen und suchte in einem Boot das Weite, doch Pythagoras versenkte ihn.»

«Hat er sein Boot gerammt?»

«Nein, er zerschmetterte es mit feurigen Blicken, als Hippasos schon zwei Meilen vom Ufer entfernt war. Pythagoras' Zorn war natürlich verständlich, denn für ihn war die Zahl eine mystische Größe.»

«Wenn ich mich recht erinnere, verehrte er besonders die Zehn.»

«Ganz genau. Er nannte sie die göttliche *tetraktys*. Dann entdeckte er auch eine Beziehung zwischen den Zahlen und der Musik. Er berechnete die Saiten einer Leier und fand heraus, daß deren Länge und die Grundakkorde der Musik in einem konstanten Verhältnis zueinander stehen: $\frac{1}{2}$ für die Oktave, $\frac{3}{2}$ für die Quint und $\frac{4}{3}$ für die Quart. Dies alles nannte Pythagoras *harmonia*. Und apropos Harmonie, denk nur mal an die Funktion des Grenzwerts. Der Grenzwert ist eine der Grundlagen der Mathematik. Sowohl die Differential- als auch die Integralrechnung hängen nur von ihm ab.»

«In wenigen Worten, wie würdest du Grenzwert definieren?»

Caccioppoli ließ sich mit der Antwort einen Moment Zeit. «Ich würde sie als schüchterne Linie bezeichnen, eine Linie, die sich einer anderen Linie nähert, aber nicht den Mut hat, sie zu berühren. Der Grenzwert weiß, daß er sie nie besitzen kann, er weiß aber auch, daß er ihr mit jedem Tag näher kommt. Und was gibt es Schöneres als ein Begehren, das der Befriedigung zustrebt, tatsächlich aber nie ganz befriedigt wird? Mir fallen dazu jene griechischen Philosophen ein, die ständig auf der Suche nach der Wahrheit waren, und zwar unter der Voraussetzung, daß sie sie nie finden würden.»

«Du meinst die Skeptiker.»

«Genau.»

«Sag mal, wie wär's mit einem kleinen Spiel, zu Ehren der Skeptiker? Ich nenne dir eine Zahl, und du sagst mir das erste Wort, das dir dazu einfällt. Aber ohne lange zu überlegen.»

«Ohne nachzudenken? Hoffentlich werden meine Antworten da nicht zu banal.»

«Versuchen wir's einfach mal. Also: eins?»

«Parmenides.»

«Zwei?»

«Der Zweifel.»

«Drei?»

«Der Liebhaber.»

«Vier?»

«Der Weltuntergang.»

«Fünf?»

«Die Sinne.»

«Sechs?»

«Die Anmaßung.»

«Sieben?»

«Die Todsünden, die Noten, die Zwerge, die Hügel, die Könige von Rom...»

«Das reicht. Acht?»

«Dazu fällt mir nichts ein.»

«Neun?»

«Beethoven.»

«Zehn?»

«Pythagoras.»

«Null?»

«Der Tod... für die, die nicht an Gott glauben.»

«Unendlich?»

«Der Tod... für die, die an Gott glauben.»

III
Die Verwandlung

Was ist produktiver, Ordnung oder Unordnung? Schwer zu sagen: Es kommt auf den Zusammenhang an. Ein Manager in einem großen Unternehmen muß sich darauf verlassen können, daß all seine Unterlagen stets auf dem neuesten Stand sind, und daher braucht er eine Sekretärin, die für Ordnung sorgt. Im Gegensatz dazu ist für einen Künstler (insbesondere für einen Maler) Unordnung ein unverzichtbarer Weggefährte: Mit dem Grad der Unordnung wächst seine Kreativität. Ein Unternehmer, der pleite geht, macht seinen Laden dicht, und wenn es hoch kommt, erschießt er sich; gerät ein Maler in eine Krise, so schneidet er sich ein Ohr ab und nimmt, als wenn nichts geschehen wäre, seine Arbeit wieder auf.

Unordnung ist sympathisch, Ordnung unsympathisch. Daran gibt es wenig zu deuten. Nicht zufällig war Garibaldi immer populärer als Cavour, obwohl die Einheit Italiens eigentlich das Werk des letzteren ist. Wenn man sich die Sache genauer ansieht, stellt man fest, daß der eigentliche Grund dafür das äußere Erscheinungsbild ist: auf der einen Seite ein grellrotes Hemd und ein Käppchen, passend zu einem Maskenball, auf der anderen Seite ein schwarzer Gehrock und eine Weste von einem unvorstellbar grauen Grau. Nun mal ehrlich: Wer würde schon Grau Rot vorziehen? Die Farbe des Nebels der des Feuers? Und außerdem war Garibaldi ein schöner Mann und Cavour häßlich – und auch das hat Gewicht.

In diesem Zusammenhang möchte ich eine Episode aus meinem Leben erzählen, und zwar von dem Tag, als ich bei *IBM Italia* ausschied. Nachdem ich mich endgültig dazu entschlossen hatte, meinen Beruf als Ingenieur an den Nagel zu hängen und mich ganz der Schriftstellerei zu widmen, fuhr ich nach Segrate zum Hauptsitz von IBM, um das zuständige Büro zu unterrichten. Es war der 7. Mai 1978. Ja, ich muß gestehen: Als Neapolitaner neige ich zu einer gewissen Sentimentalität, und so war mir doch etwas schwer ums Herz. Ich fühlte mich wie ein Schüler, der seiner ersten Liebe Lebewohl sagen muß. Aber vielleicht können Sie mich verstehen: Fast zwanzig Jahre hatte ich in der Firma gearbeitet, und so sehr mir mein neuer Beruf auch gefiel, war mir jetzt beim Abschied doch etwas flau im Magen.

Nachdem ich meinen Besuch beim Big Boss hinter mir hatte, fuhr ich hinunter in den zweiten Stock mit den Großraumbüros zu meinen früheren Arbeitskollegen. Als ich eintrat, sah ich die drei hinter ihren Schreibtischen, ein Bild, wie an meinem ersten Tag in

Mailand. Da saßen sie, Giorgio, Ernesto und Stefano, vor sich ihre Papiere und Diagramme, ihre ständig benutzten Telefone. Als ich ihnen meinen Entschluß mitteilte, schauten sie mich verblüfft an, und obwohl sie kein Wort sagten, war überdeutlich, was sie dachten:

«Er verläßt IBM und will nur noch schreiben! Der muß verrückt geworden sein!»

Sie vermuteten wohl, ich würde eine Lebenskrise oder etwas Ähnliches durchmachen.

Ich hatte die Arme ausgebreitet, wollte sie alle noch einmal an mein Herz drücken, als mir einer von ihnen zuvorkam, indem er sagte:

«Entschuldigung, De Crescenzo, wir müssen weg. Wir haben eine Vertreterkonferenz mit Doktor Fiumara.»

Oh, Sie können mir glauben, ich wäre vor Wut fast geplatzt. Das darf doch wohl nicht wahr sein. Ich komme hierher, um mich von euch zu verabschieden... vielleicht sehen wir uns zum letztenmal... ich breite gerührt die Arme aus... Tränen stehen mir in den Augen... und ihr, was macht ihr? Erzählt mir was von einer Vertreterkonferenz. Noch nicht einmal eine Minute Zeit habt ihr für einen Abschied, der diesen Namen verdient. Und das nach all den Jahren, die wir hier zusammen gesessen haben, Seite an Seite, in Bergen von Arbeit, in ständigem Streit mit irgend jemandem. Nach den Nächten, die wir zusammen vor dem Computer verbringen mußten, weil wieder einmal ein Programm einfach nicht laufen wollte.

«Ihr habt also eine Vertreterkonferenz?» schrie ich. «Das ist genau das, was ihr verdient habt. Solange ihr hier drinnen hockt, werdet ihr einen Scheiß vom Leben verstehen. Ihr sitzt im Gefängnis und merkt es gar nicht. Ihr wißt nichts. Und das, obwohl ihr alle ein Schild vor euch habt, auf dem NACHDENKEN! steht. Doch ich gehe. Gott sei Dank! Ich haue ab. Ich gehe dorthin, wo die Leute noch zu Gefühlen fähig sind. Viele Grüße an Doktor Fiumara und alle andern IBM-Manager. Hoffentlich sehe ich euch im Leben nie mehr wieder. Nur schade, daß ich hier in dem Großraumbüro keine Tür zuknallen kann!»

Unten am Ausgang zitterte ich immer noch vor Wut. Ich mußte mich beruhigen, und zwar schnell, denn ich hatte einen Termin beim Mondadori-Verlag mit Doktor Caruso, dem Lektor, der mein erstes Buch *Also sprach Bellavista* betreut hatte. Zufällig befindet sich der Sitz des Verlages auch in Segrate, vielleicht einen Kilometer von IBM entfernt.

«Was nun?» fragte ich mich. «Soll ich für einen Kilometer extra ein Taxi vom Flughafen Linate anfordern? Kommt nicht in Frage. Ich gehe zu Fuß. Da kann ich mich abkühlen.»

Sicher, ich hatte einen Koffer dabei, aber schwer war er nicht, und ein Kilometer ist ja wirklich nicht die

Welt. Ich lief zur Provinzstraße. Links und rechts lagen nur Felder. Ein angenehmes Lüftchen wehte, sogar mit einiger Kraft. Der Wind war warm, und wäre ich in Neapel gewesen, hätte ich gesagt, das ist ein «Libeccio». Jedenfalls war ich nach hundert Metern schon schweißgebadet, und meine Haare waren zerzaust vom Wind.

«Ein Wink des Schicksals», sagte ich mir gutgelaunt. «Ich bin jetzt Künstler, und was soll ein Künstler mit einer ordentlichen Frisur? Seine Haare haben im Wind zu flattern. Ach, da wir schon mal dabei sind, ziehe ich mir auch noch die Krawatte aus und knöpfe den Hemdkragen auf. Dostojewski mit Jackett und Krawatte kann ich mir einfach nicht vorstellen.»

Und um meine Verwandlung perfekt zu machen, stimmte ich auch noch ein Lied an, *Vide 'o mare quanto è bello, spira tantu sentimento* (Sieh, wie schön das Meer, so viele Gefühle ruft es wach). Vielleicht hätte ich in Anbetracht der Tatsache, daß es in Segrate kein Meer gibt, lieber *Vento, vento, portami via con te* (Wind, Wind, laß mich mit dir ziehen) singen sollen. Leider kannte ich den Text nicht, und mit der Melodie war ich auch nicht sehr vertraut.

Ein Mann kam mir entgegen, und ich grüßte ihn mit einem freundlichen Lächeln. Er schaute mich nur verblüfft an. In Mailand ist es verboten, wildfremde Menschen auf der Straße zu grüßen, vor allem auf einer Straße am Stadtrand. Ich aber trug keine Krawatte und konnte es mir erlauben.

Kurz und gut, ganz langsam verwandelte sich die Raupe in einen Schmetterling. Ausgelöscht waren in mir alle Spuren des Informatik-Ingenieurs, der bis vor kurzem noch Bilanzen und Prognosen im Kopf hatte. Ich hatte mich, Gott sei Dank, von der Pflicht befreit, dem IBM-Manager-Typus zu entsprechen. Nur wer groß und schlank ist, immer lächelt, immer in Aktion ist, kann bei IBM Karriere machen. Ist Ihnen übrigens schon aufgefallen, daß es sich bei Berlusconis Fernsehsendern ganz ähnlich verhält: Fast alle versuchen, vielleicht auch nur unbewußt, dem Cavaliere zu gleichen. Sie kleiden sich wie er, sprechen wie er, bewegen sich wie er, machen Jogging wie er – natürlich ganz in Weiß, wie er. Sie suchen den Erfolg durch Anpassung, dort wo die Unordnung zumindest eine freie Wahl der Kleidung verlangen würde. Ich bin heute ein freier Mann. Wenn ich Lust habe zu schreiben, schreibe ich. Wenn ich Lust habe zu lesen, lese ich. Wenn ich weder Lust zu schreiben noch zu lesen habe, mache ich gar nichts. Mit anderen Worten: Ich bin mein eigener Herr. Ich lache oder weine, wann es mir paßt.

In diese Betrachtungen versunken, kam ich bei Mondadori mit einer halben Stunde Verspätung an. Unten an der Rezeption wartete Doktor Carusos Sekretärin schon auf mich.

«Jetzt aber los, *ingegnere*», sagte sie zu mir, «im vierten Stock werden Sie schon erwartet. Heute ist die Vertreterkonferenz.»

Es war alles wie gehabt. Auch hier herrschten die rigiden Gesetze der Ordnung. Und wie hätte es auch anders sein können. In jedem Unternehmen, egal ob es Computer, Bücher oder Seife verkauft, gelten die gleichen Regeln. Sie können sich nicht ändern. Absatzprognosen und vor allem Vertreterkonferenzen sind ein unbedingtes Muß, ein vorgeschriebener Weg, von dem abzuweichen einen Absturz der Umsatzzahlen bedeuten würde. Er bringt Ordnung in einen Mikrokosmos, der aus Chefetage, Buchhaltern, Sekretärinnen, Verkäufern, Textern, Werbefachleuten und Konferenzorganisatoren besteht. Und fast unbemerkt bemächtigt sich die Ordnung der Zeit jedes einzelnen Mitarbeiters und sorgt dafür, daß jede seiner Handlungen auf die Handlungen der anderen abgestimmt ist. Da auszuscheren ist unmöglich. Das wäre so, als würde man die unterste Karte aus einem Kartenhaus herausziehen.

Geschwind band ich mir meine Krawatte wieder um, versuchte mit einer Hand meine Frisur in Ordnung zu bringen und betrat dann gesenkten Hauptes einen dunklen Raum, in dem an einer Wand eine Magnettafel hing, auf der stand:

DE CRESCENZO – ALSO SPRACH BELLAVISTA
232 SEITEN, 4000 LIRE, KURZ-, MITTEL-
UND LANGFRISTIGE ABSATZERWARTUNGEN.

Nach ein paar Minuten hatte ich mich an die Dunkel-
heit in dem kleinen Saal gewöhnt. Um mich herum
waren vielleicht zehn Mitarbeiter des Verlages, und
zwar ein Lektor, ein Redakteur, zwei Kreative aus der
Werbeabteilung, ein Verkaufsdirektor und einige andere Herren, die zu kennen ich nicht das Vergnügen
hatte. Keiner von ihnen trug ein rotes Hemd, alle
Anzug und Krawatte, und keinem fehlte ein Ohr. Von
einem Künstler nicht die geringste Spur. Ich eingeschlossen.

IV

Über den Müll

Auch wenn Sauberkeit allgemein mit Ordnung gleichgesetzt wird und Verunreinigung mit Unordnung, so bedeutet Abfallbeseitigung noch längst nicht Saubermachen. Meist wird ein Ort aufgeräumt, um einen anderen zu verdrecken. Das Problem heißt also nicht, wie werde ich meinen Müll los, sondern wie gelingt mir das, ohne gleichzeitig wieder irgendwo anders allzuviel Dreck zu hinterlassen. Man könnte einwenden, daß man Abfälle wiederverwerten kann. Sie können kompostiert oder verbrannt werden, um andere Energieformen zu erhalten. Aber so einfach ist die Sache nicht: Je emsiger man versucht, Materie zu modifizieren, in diesem Fall Abfall, desto größer wird die Verschmutzung. Und auch wenn man glaubt, eine saubere Lösung zu praktizieren, wird man bald merken, daß sich nicht weit entfernt die Zustände eher verschlimmert haben. Man kann also sagen, daß die Summe aller menschlichen Handlungen immer negativ ist. Und warum? Natürlich nur wegen des verfluchten zweiten Hauptsatzes der Thermodynamik – der Entropie. Aber dazu später mehr.

Meine Tochter, eine leidenschaftliche Umweltschützerin, reagiert auf dieses Problem besonders hellhörig.

«Papa», sagte sie eines Tages zu mir, «hast du schon gehört, daß sie an der Küste bei Amalfi ein System zur getrennten Abfallbeseitigung eingerichtet haben?»

Und so begann sie, ihren Müll getrennt zu sammeln. Einen Behälter für Glas, einen für Plastik, einen für Arzneimittel, einen für leere Batterien und einen für gewöhnlichen Abfall. Hin und wieder fuhr sie dann in die herrliche Stadt Amalfi und kippte alles in die vorbestimmten Sammeltonnen. Praktisch hieß das, daß sie einmal im Monat an die fünfzig Kilo Abfall an die Küste von Amalfi spazierenfuhr. Und das tat sie so lange, bis sie eines schlimmen Tages in der Zeitung lesen mußte, daß ein Ermittlungsverfahren gegen das Unternehmen laufe, das mit dem Abtransport der Abfälle beauftragt war. Sie hatten den ganzen Müll zusammen auf eine Kippe geworfen, genauer, in einen erloschenen Krater des Vesuv.

Die gefährlichste «Erfindung» des zwanzigsten Jahrhunderts war nicht, wie viele glauben, die der Atombombe, sondern die des Abfalls. Es läßt sich kaum schätzen, wie viele Millionen Tonnen Müll von den sogenannten entwickelten Gesellschaften produziert werden und wie viele Millionen Tonnen sich die Entwicklungsländer (gleiches Recht für alle!) zu produzieren anschicken. In Italien schätzt man, daß jeder Einwohner täglich in seinem privaten Bereich 1,65 Kilo produziert, das heißt 600 Kilo im Jahr oder, wenn man so will, 48 Tonnen im Laufe seines Lebens, also 800mal das eigene Körpergewicht. Nach einer Einschätzung der Umweltorganisation «Legambiente» könnte man aus dem Einwegleergut, das jedes Jahr in Italien weggeworfen wird, aufeinandergestapelt einen Turm bauen, der eine Million Kilometer hoch ist, das Dreifache der Entfernung von der Erde zum Mond. In der Nähe von New York gibt es eine Müllkippe, so groß wie die Stadt Caserta, die nur mit speziellen Kettenfahrzeugen und Raumanzügen zugänglich ist. Manche Leute behaupten sogar, in diesem immensen New Yorker *trash-land* hätten sich ganz neue Tierarten entwickelt, die von den Zoologen noch gar nicht klassifiziert worden seien.

Wir müssen aufpassen, daß die kritische Marke nicht bald überschritten wird. Immer mehr drohen die für den Müll bestimmten Flächen, euphemistisch Entsorgungseinrichtungen genannt, die Wohngebiete zu erdrücken. Wenn nicht eine, eher unwahrscheinliche Trendwende stattfindet, werden wir eines Tages unseren Müll direkt auf dem Mond abladen, sehr zum Verdruß der Dichter und Verliebten. Lieder wie *Venezia, la luna e tu* (Venedig, der Mond und du) werden dann nicht mehr mit Hingabe zu singen sein, es

sei denn mit der Hingabe sind die schmutzigen Ga
ben für den Mond gemeint.

Ein noch gefährlicheres Problem ist der Atommüll.
Für alle, die es nicht wissen, auf dem Globus existieren immer noch rund 15 000 Atomsprengköpfe und
500 Kernkraftwerke. Und da wir schon mal beim
Thema sind, ist es vielleicht ganz natürlich zu erfahren, was eigentlich bei der Kernspaltung geschieht.
   Zunächst einmal: Nicht alle Atome haben Lust,
sich spalten zu lassen. Nicht zufällig bedeutet ja das
Wort Atom «nicht teilbar». Die einzigen, mit denen
man zu brauchbaren Ergebnissen kommt, sind die
schweren Atomkerne, also die des Urans und des
Plutoniums, die aber zu unserem Pech auch die ra-
dioaktivsten sind. Wie spaltet man nun einen Atomkern? Nicht mit dem Hammer natürlich, sondern mit
einem Neutron, das kurz zuvor aus einem anderen
Atomkern freigesetzt wurde. Dieses Neutron gibt dem
zu spaltenden Atomkern nun einen gewaltigen Kopf-
stoß (in Neapel sagen wir *capata*) und teilt ihn in zwei
Teile. Jetzt werden wieder andere Neutronen freigesetzt, die wiederum andere Atomkerne spalten (die
sogenannte «Kettenreaktion»), und zurück bleiben
zwei halbe Atomkerne ohne einen praktischen Nutzen, jedoch mit einem gefährlich hohen Maß an
Radioaktivität. Und genau diesen radioaktiven Abfäl-
len müssen wir höchste Beachtung schenken, wenn

wir weiter in Frieden leben und bis zum Ende unserer Tage Pippo Baudo im Fernsehen sehen wollen.

Während ich diese Zeilen schreibe, kreuzen Dutzende von Trampschiffen auf allen Weltmeeren herum und warten darauf, daß man ihnen angibt, wo sie ihre radioaktive Ladung versenken sollen. Mit anderen Worten, der moderne Mensch verhält sich so wie jene gewitzten Hausangestellten, die sich Arbeit sparen wollen und den Dreck einfach unter den Teppich kehren. Der Wahnsinn liegt ja in der Tatsache, daß eine so hohe Zahl von Atomsprengköpfen überhaupt produziert wurde, wo doch zwei Dutzend (eins für die USA und eins für die Sowjetunion) gereicht hätten, um den ganzen Planeten in die Luft zu jagen, einschließlich der Herren Erfinder und Waffenhändler.

Von Atombomben zu Geschenkverpackungen: Stellen wir uns einmal vor, es ist Weihnachten. Wir sind bei Freunden eingeladen, und soeben hat es Mitternacht geläutet. Ein eigenartiger Stammesritus beginnt, der allgemein als «Bescherung» bekannt ist und in wenigen Sekunden das Haus in eine Müllkippe verwandelt. Dazu einige Beispiele:

— Zehn Freunde, die sich bescheren, lassen die gleichzeitige Existenz von 90 Geschenkpäckchen vermuten (jeder der zehn hat neun Päckchen mitgebracht).

– Zwanzig Freunde würden 380 Päckchen bedeuten (jeder der zwanzig Freunde hat neunzehn Päckchen dabei).

– Bei dreißig Freunden wären das schon 870 Päckchen (jeder der dreißig Freunde will neunundzwanzig Päckchen überreichen).

Und so weiter und so fort, mit immer beeindruckenderen, immer bedrohlicheren Zahlen. Und das nur, weil jeder Anwesende sich verpflichtet fühlt, allen anderen je eine kleine Aufmerksamkeit in die Hand zu drücken. Natürlich handelt es sich dabei in den meisten Fällen um nutzlose, oft genug sogar schreckliche Geschenke. Dramatischer ist das Bild jedoch, wenn das Fest vorbei ist und die Gäste fort sind. Auf dem Schlachtfeld bleiben überall verstreut Geschenkpapiere in allen Farben zurück, geöffnete Pappschachteln mit Tesafilmstreifen beklebt, bunte Bändchen, Stroh aus Synthetik, Schleifen aus roter Seide und Schnipsel aus Polystyrol. Und all das hätte man verwenden können, wenn die Gäste sich die aufwendige Verpackung einfach gespart hätten.

«Schön und gut», könnte jemand einwenden, «aber was ist mit der Überraschung? Der Spannung vor dem Aufmachen? Und außerdem, was geht es mich an, was aus dem ganzen Verpackungsmaterial wird?»

«Nichts», antworte ich, «zumindest nicht bis zu dem Tag, da wir die Haustür öffnen und unter einem Berg Müll begraben werden.»

In diesem furchtbaren Mülldrama verdient Plastik eine besondere Erwähnung. Auf unserem Planeten spielt sich eine Art Titanenkampf ab, ein Kampf zwischen Mensch und Plastikfolie, mit der immer mehr Waren verpackt werden. Auf den ersten Blick fragil und zart, setzt sie jedem, der sie aufreißen will, einen schier unglaublichen Widerstand entgegen. Mehrmals hatte ich schon Gelegenheit zu beobachten, wie mit gewaltigen Körperkräften ausgestattete Rasende sich einer superdünnen Folie beugen mußten, in die ein Stück Schinken oder Käse eingewickelt war, oder wie sich Männer des Geistes stundenlang verzweifelt bemühten, eine CD oder Videokassette aus ihrer unzerstörbaren Hülle zu befreien. Dabei kommt es nur darauf an, die Achillesferse des Gegners zu erkennen, also die richtige Stelle zum Aufreißen ausfindig zu machen. Andernfalls ist Schneidwerkzeug unabdingbar, etwa eine Rasierklinge, eine Schere oder ähnliches. Um es kurz zu machen, Plastikverpackungen müßten vom Gesetzgeber verboten werden: Sie tragen in erheblichem Maß zur Erhöhung der Aggressivität unter den Menschen bei.

Besonders alle Standardverpackungen sind zu verurteilen. Nehmen wir zum Beispiel einen so gebräuchlichen Artikel wie Aspirin. Die Tabletten werden in Plastikschalen gepreßt, die wiederum in Pappschächtelchen gepackt werden, zusammen mit einem Beipackzettel (als ob man eine Anleitung bräuchte, um Aspirin zu schlucken). Und dann geht's weiter: Der Apotheker legt noch einen Kassenzettel dazu, wickelt das ganze in Papier ein und steckt es in eine Tüte. Die Schächtelchen selbst werden der Apotheke in großen Kartons geliefert, zusammen mit Lieferscheinen, Rechnungen, Warenbegleitscheinen und was sonst noch alles. Das Gesamtgewicht des Verpackungsmaterials und der diversen Scheine kann so gegenüber den wenigen Gramm Arznei je nach Produkt das Verhältnis vier zu eins erreichen. Man könnte auch sagen: Auf jede Tablette, die ihre Bestimmung erfüllt und im Bauch des Patienten landet, kommen weitere drei, die aus Papier, Pappe oder Plastik bestehen und in die Mülltonne wandern.

Zu Dantes Zeiten gab es noch gar keinen Müll im heutigen Sinn und auch keine Müllabfuhr. Der Göttliche Poet warf höchstens mal einen Apfelgriebs oder ein Hühnerknöchelchen fort. Aber auch solche Reste landeten nicht im Abfall, sondern wurden den Schweinen verfüttert. Heute übertreffen in den Restaurants die Reste vom Gewicht her bei weitem die tatsächlich konsumierten Speisen, allerdings ohne daß Schweine davon profitieren könnten. Die armen Viecher bekommen von den Unmengen Cannelloni, die von den Restauranttischen zurückgehen, noch nicht einmal den Geruch mit. Für sie sind nämlich schon riesige Transporter unterwegs, voll mit Futtermitteln, die mit Hilfe von Computern zusammengestellt wurden und hemmungslos verpackt sind.

Nicht alles essen zu müssen, was auf den Tisch kommt, ist eine Errungenschaft der letzten Jahre. Meine Mutter, eine Frau des 19. Jahrhunderts, war vor ihrer Ehe nie in einem Restaurant gewesen. Als ihr auf der Hochzeitsreise dann nach einem guten Mittagessen eine riesige, bis zum Rand gefüllte Obstschüssel an den Tisch gebracht wurde, hielt sie es für ihre Pflicht, das ganze Obst, bis zur letzten Kirsche, aufzuessen.

«Eugè», sagte sie dabei irgendwann zu meinem Vater, «greif doch auch zu, allein schaffe ich es nicht.»

Und so wurden wir zu Hause von klein auf dazu erzogen, nichts auf dem Teller zu lassen. «Das ist alles Gottesgabe», erklärte meine Großmutter, und da es von den himmlischen Höhen kam, durfte es nicht im Müll landen. Für mich waren die Fettränder am Fleisch die schlimmste Qual. Aber wehe, wenn mein Vater mitbekam, wie ich sie, möglichst unauffällig, mit dem Messer vom Fleisch lostrennte.

«Unglückseliger, Schurke, Tagedieb!» schrie er. «Weißt du überhaupt, was mich diese dünne Scheibe Fleisch gekostet hat? Und was machst du? Du willst sie wegschmeißen? Hast du vergessen, daß ich im Krieg meine Rationen mit Mäusekacke gegessen habe?!»

Diese Sache mit den Mäuseexkrementen, die mein

Vater während des Ersten Weltkriegs hatte essen müssen, hat mich meine ganze Jugend über verfolgt: Kaum weigerte ich mich, den Spinat zu essen, schon war er mit seiner Mäusescheiße bei der Hand.

Gott sei Dank ist heute auf italienischen Essenstischen Nahrung reichlich vorhanden. Bei vielen Einladungen pflegt man gleich drei Pastagerichte anzubieten. Will man auch nur eins auslassen, ist die Dame des Hauses beleidigt.

«Und was ist mit den *bombolotti con la panna*? Wollen Sie die nicht probieren?»

«Ich habe doch schon das Risotto und die *penne all'arrabbiata* gegessen.»

«Trotzdem. Es sind ja nur kleine Happen.»

Von wegen: Das sind keine Happen, sondern ordentliche Portionen Pasta. Ich würde ja gern die Hälfte stehenlassen, aber das geht leider nicht: Mama überwacht mich mit strengem Blick von oben, und Papa wartet nur darauf, mich bei jedem Stück Fett, das ich vom Fleisch abschneide, an den Krieg und die Mäusekacke zu erinnern.

Wenn wir jetzt vom Bauch zum Geist kommen, stellen wir sofort fest, daß dort die Situation nicht viel erfreulicher ist: Auch die Welt der Printmedien zum Beispiel hat ein ganz schönes Abfallproblem. In den letzten Jahren hat das Gewicht von Tageszeitungen und Illustrierten mächtig zugenommen. Wochenendbeilagen, Plastiktütchen, Videokassetten, Parfüms, CDs, Fleisch in Dosen, Shampoons, Seifen, Zahnpasta, Schuhcreme, Spaghettischachteln, Papiertaschentücher, rote Slips für Silvester und weitere Tausende von Kleinigkeiten werden den Zeitschriften beigefügt und dem staunenden Kunden am Kiosk überreicht.

Und wer ist schuld daran? Die Werbung natürlich. Versuchen wir einmal die Werbeseiten in den Magazinen «Panorama» oder «Espresso» zu zählen, kommen wir auf durchschnittlich 150 von insgesamt 260 Seiten, also einen Gesamtanteil von 57,7 Prozent. Und dann beschweren wir uns noch über die Werbespots im Fernsehen. Allein bei dem Gedanken, 151-mal umblättern zu müssen, um den einzigen Artikel zu lesen, der mich vielleicht interessieren könnte, tut mir der Arm weh. Ganz zu schweigen von den verfluchten eingehefteten Beilagen in der Heftmitte, die fast immer ein schönes doppelseitiges Foto verdecken.

Der journalistische Abfall beschränkt sich aber nicht nur auf die Werbung. So werden eine ganze Reihe von Artikeln produziert, die im Grunde nur dem Zweck dienen, ein Gegengewicht zu den 151 Seiten Werbung zu schaffen. Der Chefredakteur überlegt sich, daß er eigentlich auch etwas Lesbares in Druck geben müßte, und was macht er? Er denkt sich die «Umfrage des Tages» aus. Er beauftragt zwei junge Leute aus der Redaktion, mit zehn, zwanzig Prominenten aus der Kultur- und Showwelt (den sogenannten *opinion leaders*, wie sie auf neuitalienisch heißen) telefonisch Kontakt aufzunehmen, und los geht's: «Was denken Sie über sexuelle Belästigung am Arbeitsplatz? Wo verbringen Sie Ihren Weihnachtsurlaub? Was wünschen Sie sich zu Weihnachten? Was halten Sie von lautstarken Wortgefechten in Fernsehdiskussionen?» – und dergleichen belanglose Fragen mehr.

Kein Tag vergeht, ohne daß ein Prominenter des öffentlichen Lebens am Telefon nach seiner Meinung zu irgendeinem Thema befragt wird. Verweigert er die Auskunft, gilt er als arroganter Flegel, wenn er mitarbeitet, als publicitysüchtig. So kommen auf einen Artikel, der vielleicht zu lesen lohnt, mindestens neun, die absolut nichtssagend sind und mit den 151 Seiten Werbung in den Abfall gehören, wobei erschwerend hinzukommt, daß sie noch nicht einmal die Schweine interessieren.

Kommen wir nun zur Kleidung: Ein Mann der westlichen Welt besitzt im Durchschnitt so viele Kleidungsstücke, daß sie ihm für zwei weitere Leben genügen würden. Westliche Frauen noch viel mehr. Trotzdem decken sich Männer wie Frauen weiter eifrig mit Kleidung ein. Warum eigentlich? Weil sie nicht wollen, daß die Abfallproduktion Einbußen erleidet. Das

heißt, wenn ihr Kleiderschrank die vielen Kleidungsstücke nicht mehr fassen kann, schenken die Konsu-
menten, männliche wie weibliche, ein paar davon den
Armen, entsprechend dem Grundsatz aus dem Evan-
gelium: *quod superest date pauperibus.*

Das Problem ist nur, daß die Armen nicht immer
bereit sind, die überschüssigen Kleider anzunehmen,
vor allem wenn sie nicht das Logo namhafter Mode-
schöpfer tragen. Die Zeiten, da in einer Familie die
Kleider der älteren Geschwister von den jüngeren
aufgetragen wurden, sind endgültig vorbei. Auch das
sogenannte «Wenden» ist verschwunden. Jenes bei
unseren Eltern so beliebte Verfahren, bei dem ein
Schneidermeister die Lebenserwartung eines Man-
tels oder einer Jacke entscheidend verlängerte, indem
er den bisher vom Futter innen geschützten Stoff
nach außen wendete. Nicht tragisch, wenn sich danach die obere Tasche rechts anstatt links befand:
Wichtig war allein die hundertprozentige Nutzung
des Kleidungsstücks.

Wie wäre der Einweg-Ideologie zu begegnen? Ein
Weg könnte es zum Beispiel sein, Waffen durch
Müll zu ersetzen. Auf der Grundlage eines Abkom-
mens könnten alle Nationen verpflichtet werden, im
Kriegsfall Müll statt Atomwaffen einzusetzen. Die
Soldaten würden Mülltüten voller Orangenschalen
anstelle von Handgranaten werfen und die feindli-

chen Städte schließlich unter der gesamten jährlichen Abfallproduktion einer Stadt so groß wie Neapel untergehen.

Vielleicht wären wir Italiener dann bald eine der bestgerüsteten Nationen der Welt.

V
Zufällige Ordnung

Er hieß Amitrescu, war Rumäne und arbeitete bei IBM an Spezialaufträgen. Er hatte auch an der Universität zu tun, aber womit er sich genau beschäftigte, war mir völlig unklar. Dann, eines Tages, packte mich die Neugier, und ich fragte ihn: «Amitrescu, was machst du eigentlich?»

«Ich verkaufe Zahlen.»

«Zahlen? Und an wen?»

«An alle, die eine wollen. Soll ich dir eine Zahl schenken?»

«Was für eine Zahl?»

«Die 15 544 720.»

«Danke.»

«Bitte.»

«Sehr freundlich.»

«Willst du noch eine?»

«Nein, danke. Eine reicht mir.»

Kurz und gut, ein Dialog wie zwischen Verrückten. Dann eines schönen Tages erklärte er mir, da ich ihm einfach keine Ruhe gelassen hatte, haarklein, womit er sich tatsächlich beschäftigte. Amitrescu verkaufte beliebige Zahlen, um deterministische Probleme mit stochastischen Methoden zu lösen.

Aber lassen wir ihn selbst zu Wort kommen.

«Manchmal hat man es mit praktischen Problemen zu tun, die man auf zwei Wegen lösen kann, indem man entweder die Ordnung oder die Unordnung in Dienst nimmt. Den Flächeninhalt eines Kreises zu bestimmen, ist zum Beispiel eine solche Aufgabe; sie kann mit einer ‹ordentlichen›, aber auch mit einer ‹unordentlichen› Methode gelöst werden. Der Kreis ist ja die symmetrischste Figur, die der Mensch je erfunden hat, und als solche könnte man sie sogar als Logos der Ordnung bezeichnen.»

«Als Logos? Was meinst du damit?»

«Als Symbol, als Sinnbild. Symmetrie ist eine Eigenschaft, die nur einige Figuren besitzen. Das sind Figuren, die in zwei spiegelbildliche Hälften geteilt werden können. Der Kreis nun bietet unendlich viele dieser Möglichkeiten, denn er besitzt unendlich viele Symmetrieachsen...»

«..., da man, egal, wie man ihn teilt, immer zwei Halbkreise enthält?»

«Ganz genau. Will man hingegen zum Beispiel einen Stuhl in zwei genau gleiche halbe Stühle teilen, gibt es dazu nur eine Möglichkeit...»

«Gut, aber was hat das mit den Zahlen zu tun, die du verkaufst?»

«Geduld, ich will's dir erklären. Nehmen wir an, du möchtest den Flächeninhalt eines Kreises ermitteln: Wie gehst du vor?»

«Ganz einfach. Ich rechne πr^2, den Radius zum Quadrat mal 3,14, und schon habe ich den Flächeninhalt des Kreises.»

«Und wenn du diese Formel nicht kennst, weil sie dir niemand beigebracht hat? Was machst du dann?»

Amitrescu wartete einige Sekunden, und da mir keine Antwort einfiel, fuhr er ungerührt in seinen Ausführungen fort.

«Sicher ist es die schnellste Methode, den Flächeninhalt einer geometrischen Figur mit Hilfe einer Formel zu berechnen, vorausgesetzt natürlich, es gibt solch eine Formel. In unserem Fall würde die Formel πr^2 für die Ordnung stehen. Versuchen wir aber mal, zu demselben Resultat mit Hilfe des Zufalls, der Unordnung also, zu kommen.»

«Wie das?»

«Folge mir.»

Amitrescu stand auf, nahm aus einem Regal einen großen weißen Karton und zeichnete darauf einen Kreis (ziemlich exakt, wie ich zugeben muß), den er gleich darauf in ein Quadrat einfügte. Dann öffnete er das Fenster und legte den Karton mit der Zeichnung auf die Fensterbank.

Schließlich drehte er sich lächelnd zu mir um.

«Ich habe also einen Kreis und das entsprechende Quadrat gezeichnet, den Karton ins Freie auf die Fensterbank gelegt, und jetzt warte ich darauf, daß es regnet.»

«Schon gut, alles klar. Du willst mich auf den Arm nehmen.»

«Aber nein, wieso denn?» antwortete er, indem er zu mir an den Tisch zurückkehrte. «Die Sache ist viel

seriöser, als du denkst. Schauen wir mal, wo die Regentropfen hinfallen.»

Er nahm jetzt einen Filzstift zur Hand und begann, Löcher in den Karton zu stechen – wahllos, nach dem Zufallsprinzip.

«Einige Tropfen fallen innerhalb des Kreises, andere außerhalb nieder», fuhr Amitrescu fort, wobei er eifrig weiter, Regentropfen simulierend, auf den Karton einstach. «Nachdem du es ein wenig hast regnen lassen, zählst du die Tropfen, innen und außen, und bestimmst das Verhältnis: Die Tropfen im Kreis verhalten sich zu den Tropfen im gesamten Quadrat wie der Flächeninhalt des Kreises zum Flächeninhalt des Quadrats. Je mehr Tropfen du fallen läßt, desto näher kommst du dem gesuchten Ergebnis.»

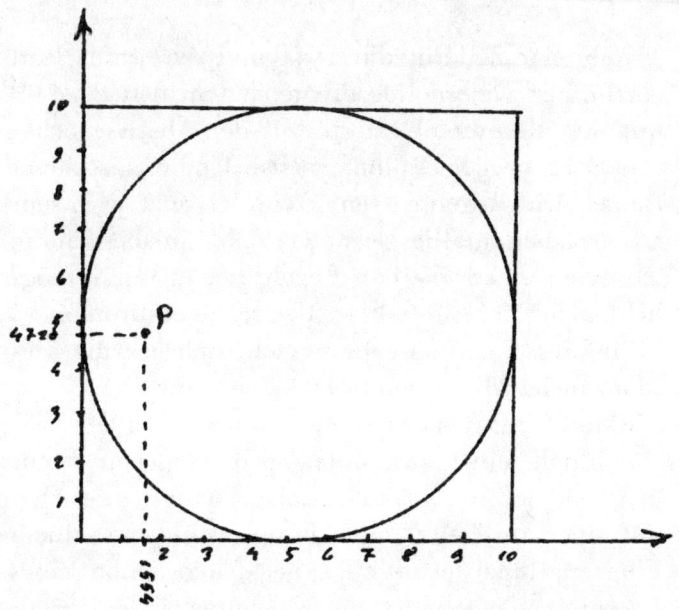

«Nun gut», warf ich ein, «aber sehr praktisch scheint mir das Verfahren nicht zu sein.»

«Du meinst, was ist, wenn es nicht regnet?»

«Eben.»

«Na dann», fuhr Amitrescu fort, «muß ich eben eingreifen und selbst für den Regen sorgen – für einen elektronischen Regen mit dem Computer. Also kehren wir zu dem Kreis zurück und fügen ihn in ein kartesisches Diagramm ein. Dazu nehmen wir zum Beispiel die Zahl, die ich dir einmal geschenkt habe, die 15 544 720, und zerlegen sie in zwei Zahlen mit jeweils vier Ziffern: die 1554 und die 4720. Jetzt bestimmen wir im Koordinatensystem den Punkt P mit den Koordinaten 1554 auf der Abszissenachse und 4720 auf der Ordinatenachse. Und was ist dieser Punkt? Ein Regentropfen. Wenn ich jetzt sehr, sehr viele solcher zufällig gewählter Zahlen habe, schaffe ich einen elektronischen Regen, der es mir ermöglicht, den Flächeninhalt des Kreises zu bestimmen.»

«Interessant. Aber sehr schnell finde ich die Methode nicht. Mit πr^2 kommt man eher ans Ziel.»

«Man kommt eher ans Ziel, wenn es um den Flächeninhalt einer bekannten geometrischen Figur geht, wie den Kreis zum Beispiel. Wenn man es aber mit einer unregelmäßigen Figur zu tun hat, einem Flugzeugflügel etwa oder der Motorhaube eines Lastzugs oder gar mit einer asymmetrischen Figur wie dieser ... [*Amitrescu zeichnete jetzt geschwind eine Art großen Klecks auf den Karton*], was ist dann mit der Formel zum Flächeninhalt? Mit meiner Zufallsmethode hingegen läßt sich das Problem immer lösen, egal, um welche Figur es sich handelt.»

«Die stochastischen Methoden», schloß Amitrescu, «lassen uns ein wichtiges Prinzip der Wahrscheinlichkeitsrechnung erkennen: Je häufiger wir den Zufall ins Spiel bringen, desto näher kommt er der Wahrheit. Oder man könnte auch sagen, Ordnung und Unordnung begehren sich im Grunde, und am Ende kommen sie auch zusammen.»

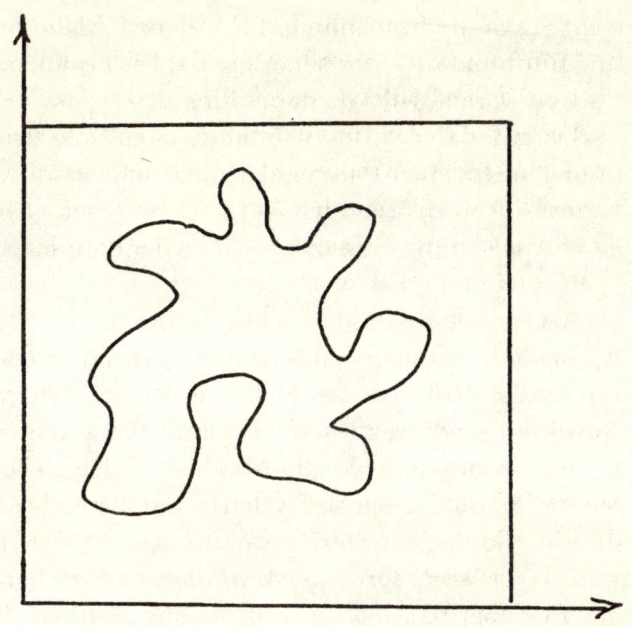

«Und wo kommen sie zusammen?»

«Im Unendlichen, an den Grenzen des Universums, wie alle Parallelen. Doch vertiefen wir die Sache noch etwas: Wenn wir beide jetzt Münzen werfen, um Kopf oder Zahl, können wir nach vier Würfen eins der folgenden Resultate erhalten: 1.: zweimal Kopf und zweimal Zahl; 2.: dreimal Kopf und einmal Zahl; 3.: dreimal Zahl und einmal Kopf; 4.: viermal Kopf; 5.: viermal Zahl. Würden wir hingegen eine Milliarde Male werfen, könnten wir sicher sein, insgesamt fünfhundert Millionen Male Kopf und fünfhundert Millionen Male Zahl zu erhalten.»

«Und worauf willst du damit hinaus?»

«Darauf, daß das Los, je öfter du es zu Rate ziehst, immer mehr einer Ausgeglichenheit und damit der Gerechtigkeit zustrebt. Ich würde es bei jeder wichtigen Entscheidung einsetzen, auch in der Politik.»

«Nenn mir ein Beispiel?»

«Als erstes fällt mir da die Geschichte vom zwölften Apostel ein. Als man Judas nach seinem Verrat ersetzen mußte, ließ man das Los sprechen. Es gab zwei Anwärter: einer war Joseph, genannt Barsabbas, der andere ein Jüngling namens Matthias. ‹O Herr!› beteten die Apostel, ‹zeige an, welchen von diesen beiden du anstelle des Verräters erwählt hast.› *Et dederunt sortes eis et cecidit sors super Matthiam* – da warfen sie das Los über sie, und das Los fiel auf Matthias. Ein anderes Beispiel ist Solon, der, als er Athen seine Verfassung gab, gleichzeitig das Los einführte. Als erstes gliederte er die Bürger der Stadt in vier Klassen: die *Pentakosiomedimnoi*, die *Hippeis*, die *Zeugiten* und die *Theten*, also die Reichen, die fast Reichen, die fast Armen und die Armen. Jede dieser vier Klassen benannte hundert Bürger aus ihren Reihen, und unter diesen vierhundert wurden dann in einer großen Versammlung die Staatsämter ausgelost. ‹Sollen auch die Götter›, sagte Solon, ‹ihren Teil der Verantwortung übernehmen.› Als weiteres Beispiel fällt mir

Genua ein. Gegen Ende des 16. Jahrhunderts wurden in der Stadt die Ämter der drei Gouverneure und der zwei Prokuratoren des ‹Serenissimo Collegio› öffentlich unter neunzig Familienvätern ausgelost. Und bei eben dieser Gelegenheit wurde das Lotto erfunden. Ja ganz richtig. Das Volk begann, auf die Zahlen zu wetten, die die Kandidaten um den Hals trugen, und die Stadtväter waren so schlau, dies zur Aufbesserung der Staatsfinanzen auszunutzen. Am Ende waren alle zufrieden: die Regierung, die die Wettgelder einstrich, die siegreichen Kandidaten natürlich, aber auch die Verlierer, weil sie nicht ihren politischen Gegnern unterlegen, sondern nur von einem ungnädigen Schicksal besiegt worden waren.

Hätten wir bei uns in Italien nach dem Krieg ein ähnliches System eingeführt, halb demokratisch und halb stochastisch, hätten sich die Christdemokraten nicht vierzig Jahre an der Macht halten können: Einmal, das ist ganz sicher, hätten sie verloren. Stell dir doch mal vor: Man könnte eine öffentliche Ziehung veranstalten, samstags abends im Fernsehen, zur besten Sendezeit: eine große Show mit hübschen Assistentinnen, Sängern und Tänzerinnen. Das Ganze dann noch verbunden mit einer landesweiten Lotterie...»

«Und wie würdest du eine Partei nennen, die den Zufall zur Grundlage ihres politischen Programms erhebt?»

«Na . . . vielleicht, ‹Partito Casuale Italiano›*.»

«Keine gute Idee: Daraus würde PCI, und man würde sie mit der früheren kommunistischen Partei verwechseln.»

«Dann eben ‹Democrazia Casuale›**.»

«DC, wie die früheren Christdemokraten? Das wäre genauso belastend . . .»

«Und was hältst du von ‹Partito Stocastico Italiano›***?»

«Um Himmels willen! PSI – die Partei der früheren Sozialisten. Da würdest du garantiert keine einzige Stimme erhalten.»

«O Gott. Anscheinend gibt es überhaupt keine unbelasteten Abkürzungen mehr.»

   * «Zufallspartei Italiens», Anm. d. Übers.
  ** «Demokratie des Zufalls», Anm. d. Übers.
 *** «Stochastische Partei Italiens», Anm. d. Übers.

VI

Die Vorhölle

S ind Sie wirklich sicher, daß Sie gestorben sind?»
«Natürlich. Wäre ich sonst hier?»
«Trotzdem. Davon ist mir nichts bekannt. Ich möchte
nicht wegen einer Namensverwechslung..., wissen
Sie, manchmal...»

«Aber gestern waren sogar schon die Trauerfeier-
lichkeiten! In der Chiesa degli Artisti, auf der Piazza del Popolo. Eine wunderbare Feier übrigens: be-
törende Frauen, die herzzerreißend weinten, Ver-
wandte, in Tränen aufgelöst, Prominente aus der
Welt der Kultur mit ungläubigen Gesichtern, die es
einfach nicht fassen konnten: Ein Humorist sollte
ewig leben, war ihre einhellige Meinung. Sogar eine
Schulklasse war eigens aus Neapel angereist, die das
Stadtbanner mitführte. Alle fanden sie lobende
Worte für mich, sogar die Kritiker. Und gerade dadurch wurde mir ganz bewußt, daß es zu Ende mit mir
war.»

«Mein Beileid.»

«Vielen Dank. Nicht der Rede wert. Sagen Sie mir
lieber, wo ich hin muß?»

«Keine Ahnung. Ich habe keine Anweisungen erhalten. Was erwarten Sie denn?»

«Also, ehrlich gesagt, würde ich die Hölle für mich ausschließen. Sicher, ich habe gesündigt, aber nicht sehr häufig, und außerdem fallen meine Sünden wohl eher in die Kategorie ‹unreine Handlungen›.»

«Könnten Sie das näher beschreiben?»

«Na ja, Masturbation . . . zumindest bis achtzehn.»

«Wollen Sie bei den Wollüstigen warten?»

«Bei den Wollüstigen? Wir wollen doch nicht übertreiben. Gut, der eine oder andere Seitensprung mag vorgekommen sein. Aber nichts Bedeutendes. Jene aber, könnte ich mir vorstellen, sind wahrhaft besessen . . .»

«Nicht unbedingt. Cleopatra zum Beispiel liebte die Macht viel mehr als die Ausschweifung . . .»

«. . . und sie hält sich unter den Wollüstigen auf?»

«Sicher: Dante hat sie dorthin befördert, zusammen mit der schönen Helena und Semiramis.»

«Nun denn, verzeihen Sie, wenn ich so direkt frage: Könnte ich nicht oben warten? Ich würde zu gern mal einen Blick hineinwerfen . . .»

«Ohne einen Passierschein kann ich Sie oben nicht reinlassen. Und das Fegefeuer ist wohl auch nichts für Sie. Sie würden Gefahr laufen, vollkommen in Vergessenheit zu geraten. Die haben da eine Warteliste, das können Sie sich gar nicht vorstellen . . .»

«Dann könnte ich vielleicht in der Vorhölle warten, *bei denen, deren Los im Schweben* . . .»

«Und das bleibt es auch, werter Freund, es sei

denn, es würde doch noch eine andere Entscheidung getroffen, *dort oben, wo das Können dem Wollen folgt.*»

So kam ich also in die Vorhölle und hatte das Glück, dort Sokrates zu treffen. Neben ihm erblickte ich auch

> *Anaxagoras, Thales und Diogenes,*
> *Und Demokrit, den Zufallswelterklärer*
> *Zeno und Heraklit, Empedokles.*

(Göttliche Komödie, Hölle, 4. Gesang)

Sokrates sah genauso aus, wie ich ihn mir immer vorgestellt hatte. Vielleicht ein wenig kleiner. Er hatte eine stumpfe Nase und eine Glatze und wies eine gewisse Ähnlichkeit mit dem Schauspieler Charles Laughton auf. Es war nicht schwer, mit ihm ins Gespräch zu kommen. Im Gegenteil. Ich war kaum eingetreten, da sah ich ihn schon auf mich zustürzen.

«Bist du schon länger hier?» fragte er. Anscheinend war es dort Brauch, einander sogleich zu duzen.

«Gerade angekommen.»

«Seltsam... kein Mensch hat mich davon unterrichtet.»

«Vielleicht, weil ich nur vorübergehend hier bin. Man wird mich bald abholen und mir meinen eigentlichen Bestimmungsort zuweisen. Doch, o Sokrates, da ich schon das Glück habe, dich zu treffen, möchte ich die Gelegenheit nutzen und dich um eine Auskunft bitten: Wann entstand die Philosophie?»

«Die Frage ist berechtigt, die Antwort schwierig, vielleicht unmöglich. Zunächst wäre zu bestimmen, was die Philosophie eigentlich ist. Und ich muß dir gestehen, daß ich das immer noch nicht weiß. Ich könnte dir antworten, daß sie mit dem ersten Menschen entstand, einen Augenblick nachdem er mit dem Essen fertig war. Aber damit würde ich der Frage ausweichen. Meinst du jedoch mit Philosophie jene Disziplin, die stets von neuem das Leben dem Tod gegenüberstellt, dann würde ich dir antworten, daß sie an jenem Tag entstand, als ich Parmenides traf.»

«Erzählst du mir, was sich damals zutrug?»

«Wenn ich mich recht entsinne, war ich damals gerade fünfundzwanzig Jahre geworden. Ich war ein Jüngling voll ungebremster Neugier: Unablässig stellte ich Fragen, an alle und zu allen möglichen Themen. Nicht immer jedoch wurde mein Verhalten gern gesehen. Jene, die mir übelwollten, nannten mich einen Sophisten und mieden mich wie die Pest: Sobald sie mich auf der *agora* erblickten, nahmen sie schon die Beine in die Hand.»

«Nun gut, das muß man verstehen. Sie konnten ja nicht wissen, was Platon später berichten würde.»

«Ach, wenn du das meinst: Heute wissen sie es und fliehen dennoch.»

«Ja, aber kehren wir zu Parmenides zurück.»

«Nun denn, eines Tages begab ich mich mit einigen Freunden ins Haus von Pythodoros...»

«Pythodoros von Anaphlystos?»

«Nein, Pythodoros von Athen. Ehrlich gesagt, mit diesem Pythodoros war nicht viel los, zumindest als Denker. Dafür war er aber sehr reich und besaß an die hundert Diener, so daß es bei ihm im Haus immer genug zu essen und zu trinken gab. An jenem Tag nun waren wir, wie ich gestehen muß, alle ziemlich ausgehungert, und mehr als nach Wissen verlangte uns nach einer *garos*-Suppe und den Weinen von Kos. Nun, um es kurz zu machen, wir waren gerade eingetreten, als ich in einer Ecke zwei erbärmlich gekleidete Männer stehen sah. Ihre Gewänder waren verdreckt und ihre Füße schlammverkrustet. ‹Die kommen wohl vom Land›, dachte ich bei mir, ‹oder, schlimmer noch, aus den italischen Regionen.› Der Ältere war vielleicht sechzig, der Jüngere vierzig Jahre alt. So wie sie sich anblickten, hätte man sie für Lehrer und Schüler halten können. Und in der Tat, als der Ältere sagte, daß er Durst habe, sprang der Jüngere auf und lief in den Garten, um ihm ein *skiphos* Wasser zu schöpfen. Dabei stellte ich fest, daß er hinkte.»

«Wer waren die beiden?»

«Genau dies fragte ich Gorgias. Er sagte mir, sie kämen vom Land südlich von Neapolis, der Gegend, die später dann Magna Graecia heißen sollte. Gorgias berichtete weiter, der Ältere gelte in seiner Heimat als eine Art Genie.»

«Wie hieß er?»

«Parmenides von Elea. Der Jüngere hingegen, der auch sein *eromenos** war, hieß Zenon.»

«Und was geschah dann?»

«Ich war neugierig geworden und fragte den Alten: ‹Mir wurde berichtet, du habest eine bedeutende philosophische Theorie entwickelt. Würde es dir etwas ausmachen, uns an ihr teilhaben zu lassen?› Parmenides stand auf und schickte sich an zu sprechen, als Zeno ihn am Ärmel seines Chiton festhielt: ‹Es wäre sinnlos›, sagte er, ‹würde mein Lehrer euch seine Gedanken darlegen. Ihr würdet sie ohnehin nicht verstehen. Das Meer ist so weit, daß ihr sterben würdet, noch bevor ihr das andere Ufer erreicht habt.› Natürlich waren alle beleidigt. ‹Wie bitte›, protestierten einige, ‹wir hier in Athen gelten als die Blüte des philosophischen Denkens. Und da kommen diese beiden Bauern aus Elea daher und wagen zu behaupten, wir könnten ihnen nicht das Wasser reichen!›»

«Mir scheint ihr Unmut verständlich. Und was passierte dann? Ergriff Parmenides das Wort?»

«Sicher tat er das. Er stand auf, und mit ganz leiser Stimme, die wir kaum verstehen konnten, sagte er: ‹Das Sein ist, das Nichtsein ist nicht.› Dann setzte er

* *eromenos* war der Jüngere bei einem homosexuellen Paar.

sich wieder hin und schwieg. Du wirst es nicht glauben, doch von diesem Tag an wurde das Wort ‹Sein› zum Kehrreim all unserer Gespräche. Sollte ich ein Geburtsdatum der Philosophie angeben, so würde ich sagen, es war jener Tag, als Parmenides zum erstenmal das Wort ‹Sein› aussprach.»

«Und dies ist ein Kehrreim, der nie verklungen ist: Auch heute noch, in der Nachfolge von Hegel und Heidegger, fragen immer noch alle, was ist das ‹Sein›, und vor allem, was ist das ‹Nichtsein›.»

«Nun, das ‹Nichtsein› ist gar nicht so schwierig zu erklären. Eine ganz einfache Methode, nicht zu sein, ist zum Beispiel das Scheinen. All jene, die ihr Leben auf dem Schein aufgebaut haben, mußten früher oder später erkennen, daß ihre Existenz sinnlos war, nicht zuletzt, weil das Scheinen-Wollen eine kostspielige Angelegenheit ist. Es zwingt dazu, sich zu verkaufen, was wiederum daran hindert, den Müßiggang zu praktizieren, der im Grunde das höchste Ziel der Weisen ist.»

«Werter Sokrates, verzeih, aber ich muß dir widersprechen. Bei uns in der Welt des Marktes und des Konsums ist der Müßiggang nicht gern gesehen. Im Gegenteil sogar. Er gilt als Vater aller Laster. Aber sag mir, wie verbringt ihr hier in der Vorhölle eure Tage?»

«Zeus sei Dank, gehen wir dem Müßiggang nach. Du mußt wissen, daß wir Griechen zur Zeit des

Perikles sehr, sehr viele Sklaven besaßen. Allein in Athen waren es über dreihunderttausend, also zehn für jeden von uns. Und dies erlaubte es uns, nicht zu arbeiten. All jene hingegen, die, aus welchem·Grund auch immer, zu arbeiten gezwungen waren, wurden *banausoi* genannt und allgemein verachtet. Sogar Phidias und Praxiteles wurden von uns kritisiert. Ja, ich weiß, sie waren große Künstler, doch da sie bei ihrer Arbeit Marmorblöcke schleppen mußten, kamen auch sie ins Schwitzen. Ihr hingegen, so wurde mir berichtet, habt heute die Technologie. Ihr sollt einen elektronischen Sklaven erfunden haben, Computer genannt, der nicht flieht, nicht erkrankt* und vor allen Dingen nicht lügt. Doch werdet ihr früher oder später feststellen, daß dieser neue Sklave auch alle Arbeiten des Scheinens besser als ihr erledigt. Dann werdet ihr vor dem Problem stehen, wie ihr eure Zeit verbringen sollt. Und wenn ihr euch nicht schon zuvor darin geübt habt, untätig zu sein, werdet ihr alle in schwere Depressionen verfallen. Daher sollten auf der Erde von nun an Schulen des Müßiggangs eingerichtet werden, wo die Menschen in der Kunst des Lebens unterrichtet werden.»

«Du meinst Schulen, in denen die Schüler lernen, einfach nichts zu tun?»

* Offensichtlich war Sokrates die Existenz von Computerviren nicht bekannt. Ich werde in Kapitel X auf sie zu sprechen kommen.

«Ganz richtig. Und glaube nicht, es sei einfach zu leben, ohne irgend etwas zu tun. Das heißt, ohne sich jenen illusorischen Tätigkeiten hinzugeben, die der Mensch allein zu dem Zweck erfunden hat, die Zeit totzuschlagen, wie Arbeit, Machtausübung und Vergnügen.»

«Und was müßte man tun?»

«Lernen zu sein.»

«Ja, das habe ich verstanden. Doch gibt es da noch einen anderen Aspekt, zu dem ich deine Meinung hören möchte. Müssen wir nicht für ein Minimum an Ordnung sorgen, wenn wir zwar das Nichtsein ausschließen, gleichzeitig aber auch verhindern wollen, daß alles um uns herum zusammenbricht? Mit anderen Worten, o Sokrates, ich würde gerne von dir wissen, ob es für die Zwecke des Seins gefährlicher ist, inmitten der Ordnung oder der Unordnung zu leben?»

«Wie immer, weiß ich auch darauf keine Antwort. Statt dessen kann ich dir eine Frage stellen. Angesichts eines plötzlichen Unglücks die Ruhe zu behalten, ist das für dich ein Zeichen von Ordnung oder Unordnung?»

«Von Ordnung, denke ich. Doch sag mir, o Sokrates, gibt es hier in der Vorhölle denn niemanden, mit dem ich über Ordnung und Unordnung sprechen könnte?»

«Doch natürlich. Nur, egal mit wem du auch sprechen solltest, du wirst feststellen, daß er einen sehr schlechten Charakter besitzt», antwortete Sokrates lächelnd. «Von Parmenides habe ich dir schon erzählt. Niemand sonst ist solch ein entschiedener Verfechter der Ordnung. Er hat stets verkündet, daß neben dem Einen nichts existiert. Und dieses Eine sei ein unbewegliches, einziges, ganzes und nichterschaffenes Sein. Mit anderen Worten, Parmenides zufolge wäre das Eine die geordnete Ordnung schlechthin.»

«Einverstanden, doch auch er wird die Existenz einer Gegenkraft wie der Unordnung einräumen müssen.»

«Ich erkläre und erkläre, und du hörst mir gar nicht zu. Für Parmenides existiert nichts außerhalb des Seins, und daher auch nichts außerhalb der Ordnung. Alles andere, also Unordnung, Vielfaches, Aussehen, Meinung und so weiter können dir existent erscheinen, in Wahrheit sind sie jedoch eine Sinnestäuschung.»

«Und doch sind sie zu sehen.»

«Nur, wenn du sie sehen willst. Schließt du jedoch die Augen, ist alles sofort verschwunden.»

«Und wen könnte man, unter allen Philosophen, die du kennst, als entschiedensten Verfechter der Unordnung bezeichnen?»

«Zweifellos Heraklit. Ihm ist alles zuwider, was still steht. Er behauptet, Unordnung bedeute Leben, Ordnung hingegen Tod. *Panta rhei*, sagt er, alles fließt, und wenn es fließt, führt er aus, dann lebt es. Mit anderen Worten, er liebt alles, was sich verändert. Tatsächlich jedoch liebt er niemanden. Gerade er ist nämlich ein Mensch, der sich nicht ändern will. Er hat sich in eine Höhle zurückgezogen und will mit keinem mehr sprechen. Ich habe ihn jetzt wohl schon länger als ein Jahrhundert nicht mehr gesehen.»

«Und was kannst du mir von deinem Lieblingsschüler Platon erzählen? Wenn ich mich recht entsinne, ist er doch der Erfinder des Dialogs, also auch der freien Meinung.»

«Hier irrst du gewaltig. Wenn bei uns in der Vorhölle jemand stets an die Ordnung geglaubt hat, dann war er es. Unter uns gesagt, Platon hat mich schon ein wenig enttäuscht. Sicher, ich mag ihn, aber vielem von dem, was er mich in seinem furchtbaren Dialog *Politeia* sagen läßt, kann ich keinesfalls zustimmen.»

«Willst du damit sagen, daß er ein Lügner war?»

«Nicht generell, aber manchmal hat er schon übertrieben. Timaios zum Beispiel war ein Pythagoreer voller Enthusiasmus, von seinem ganzen Wesen her unverkennbar ein Mann der Unordnung. Und nun hör mal, was Platon ihm in dem ihm gewidmeten Dialog in den Mund legt. ‹Da der Gott wollte, daß alles nach Möglichkeit gut, nicht schlecht sei, brachte er alles Sichtbare, das er in einem Zustand übernommen hatte, in dem es keine Ruhe hielt, sondern sich

85

widersinnig und ungeordnet bewegte, in die Ordnung, in der Auffassung, daß dieser Zustand in jeder Hinsicht besser sei als jener.»»*

«Schon, doch im *Symposion* kommt er auch auf den Eros zu sprechen, der für ihn dem Verlangen nach Unordnung in einem geordneten Leben gleichkommt.»

«Denk, was du willst. Doch wenn es je einen Verfechter der Pflicht und folglich der Ordnung gegeben hat, dann war das Platon. Als er seine politischen Ideen in Syrakus in die Tat umsetzen wollte, hätten ihm die Syrakuser beinahe das Fell über die Ohren gezogen, wäre da nicht der brave Mann aus Archita gewesen, der ihn mit seiner Triere in Sicherheit brachte.»

«Gut, genug zu Platon. Aber was denkst du selbst? Müßtest du dir eine der beiden, Ordnung oder Unordnung, als Weggefährtin wählen, auf welche würde deine Wahl fallen?»

«Ich habe nicht die leiseste Ahnung. Denke ich an all das, was ich im Leben gemacht und vor allem gesagt habe, scheine ich zwar stets ein Mann der Ordnung gewesen zu sein. Doch, wenn ich ganz ehrlich sein soll, . . .»

«. . . praktiziertest du auch die Unordnung.»

«Im Grunde war ich immer die Bremse von Athen,

* Platon: *Timaios.* 30 A

also eins jener Insekten, die sich im Fell der Pferde einnisten und sie am Einschlafen hindern. Einmal sagte ich, daß der Staat, sei es aus Faulheit oder aus Berechnung, leicht träge werde und seine Pflichten vernachlässige. Und in eben dieser Situation muß die Bremse auf den Plan treten: Ein kurzer Stich, und das Pferd Staat wacht auf. Nun, das Eingreifen der Bremse ist sicher zur Unordnung zu zählen, eine überraschende Tat, die sich der Gewohnheit widersetzt.»

«So bist du also ein Mann der Unordnung?»

«Eigentlich nicht, denn als es für mich nahegelegen hätte, die Gesetze zu verletzen, weigerte ich mich.»

«Was geschah?»

«Es war der letzte Tag meines Lebens, jener Tag, an dem ich den Schierlingsbecher leeren sollte. Aus Delos kommend, hatte das Schiff schon das Kap Sunion umsegelt, und mein Freund Kriton traf zu sehr früher Stunde bei mir ein. Der Morgen graute, die Sonne war noch nicht aufgegangen, als er, während ich noch schlief, in meiner Zelle neben mich trat... Aber hier ist ja Kriton: So kann er dir selbst, wenn er bereit dazu ist, von den Vorgängen berichten.»

Ich drehte mich um und sah einen alten Mann, auch er mit einem weißen Chiton bekleidet, der aber sehr viel eleganter als der des Sokrates war. Er trug sogar goldene Armbänder an den Handgelenken. ‹Seltsam›, dachte ich, ‹daß es im Jenseits erlaubt ist, Schmuck zu tragen! Doch vielleicht ist das nur in der Vorhölle gestattet, wo es weder Fromme noch Sünder gibt.› Kriton trat auf uns zu, und Sokrates bat ihn:

«Erzähle, o Kriton, von jenem Tag, als du mich drängtest, gegen die Gesetze zu verstoßen.»

«Erinnere mich nicht daran», antwortete der brave Mann mit einem langen Seufzer. «Ich kann mir immer noch nicht verzeihen, daß es mir damals nicht gelungen ist, dich zu überzeugen.»

Dann wandte er sich an mich.

«Sag du mir, o Fremder: Kann ein Gesetz, das nicht gerecht ist, überhaupt noch als Gesetz gelten? Nun, jedenfalls traf ich an jenem Morgen zu früher Stunde in seinem Kerker ein, fest entschlossen, ihn mitzunehmen. Den Rat der ‹Elf› hatte ich bestochen, vom ersten bis zum letzten Mann, und auch die zwei Soldaten, die am Tor wachten. Niemand sollte mir später vorhalten können: ‹O Kriton, aus Geiz hast du einen Freund nicht gerettet.› Doch Sokrates begann auf mich einzureden, und du weißt, wenn Sokrates auf einen einredet, ändert man früher oder später seine Meinung.»

«Was sagte er denn genau?»

«Ich sagte», schaltete sich Sokrates ein, «daß ich, würde ich fliehen und draußen vor dem Kerker den Gesetzen Athens begegnen, nicht wüßte, was ich ih-

nen antworten sollte. Die Gesetze hätten mich nämlich gefragt: ‹Wo willst du hin, o Sokrates, als Frau
verkleidet und in ein altes Überkleid gehüllt? Bist du
etwa nach Thessalien unterwegs, zu Kritons Freunden, die bekannt sind für Unordnung und Ausschweifungen? Ist dir bewußt, daß du, um dein Leben zu
retten, uns, deine Gesetze, dem Tod überantwortest,
jene Gesetze, die es deinem Vater gestatteten, deine
Mutter zu heiraten, und dir, geboren zu werden?›»

«Die Gesetze, die Gesetze! Von welchen Gesetzen
sprichst du?» wetterte Kriton aufgebracht. «Für mich
gibt es nur ein Gesetz, das Gesetz der Selbsterhaltung:
Jeder Mensch hat die Pflicht, so lange wie möglich zu
leben, nicht nur für sich selbst, sondern auch für jene,
die ihm nahestehen!»

«Gerade zum Überleben, mein lieber Kriton, brauchen wir die Ordnung», erwiderte Sokrates, wobei er
ein klein wenig lauter wurde. «Wir müssen den Gesetzen gehorchen, auch wenn sie uns ungerecht erscheinen.»

VII

Die Jahre der Unordnung

Die Jungen wollen etwas werden, die Alten sind es schon. «Sein» und «werden» sind sozusagen Generationsverben. Dies ist meist auch der Grund dafür, daß Jugendliche auf die Barrikaden gehen und alte Leute im Bus einen Sitzplatz beanspruchen. An Ausnahmen fehlt es jedoch nicht: In Ephesos zündet im 6. Jahrhundert v. Chr. ein alter Mann namens Herostratos, nur um berühmt zu werden, den Artemistempel an. Heutzutage hätte er sich beim Festival von San Remo vor die Fernsehkameras gedrängt.

Herostratos muß meiner Ansicht nach ungefähr folgende Überlegung angestellt haben: «Achtzig Jahre lebe ich nun schon, ohne etwas Bedeutendes vollbracht zu haben. Ich habe weder ein Epos geschrieben noch eine denkwürdige Statue geschaffen, ich bin kein Herrscher und noch nicht einmal ein General, der große Schlachten gewonnen hätte. Daher ist es unverzichtbar, daß ich, bevor Thanatos mich für immer fortträgt, etwas Außergewöhnliches vollbringe.» Gesagt, getan. Er legte Feuer an das berühmteste Bauwerk der Stadt, und während die Flammen um ihn herum aufloderten, schrie er: «Oh Volk von Ephesos, ich bin Herostratos, derjenige, der den Artemistempel angezündet hat!» Die Epheser verurteilten ihn dazu, nie wieder erwähnt zu werden, und legten per Gesetz fest, daß sein Name von keinem Menschen mehr ausgesprochen werden dürfe. Trotz dieser Strafe finden wir jedoch Herostratos ganz regulär in der *Enciclopedia Treccani* auf der Seite 266 von Band XIV aufgeführt. Ganz im Gegensatz zu mir. Ich werde also ebenfalls warten, bis ich achtzig bin. Und wenn man mich dann immer noch keiner Erwähnung für wert befindet, werde ich wohl auch irgend etwas in Brand stecken müssen.

In Abwandlung einer Aussage von Leo Longanesi könnte man das Leben in drei Phasen aufteilen: *Revolution, Reflexion* und *Television.* Es beginnt mit dem Willen, die Welt umzugestalten, und endet mit dem Umschalten der Fernsehkanäle. Dies ist ein Thema, das viele Aphorismen entstehen ließ. Hier einige davon:

«Man wird als Brandstifter geboren und stirbt als Feuerwehrmann.»

> (Ich weiß nicht mehr genau, wer das gesagt hat: vielleicht Ennio Flaiano, vielleicht auch Leo Longanesi, jedenfalls einer dieser Richtung.)

«Er suchte die Revolution und fand die Bequemlichkeit.»

(L. LONGANESI)

«Gegen etwas zu denken ist leichter als für etwas zu denken.»

(L. LONGANESI)

«Wer mit zwanzig kein Linker und mit fünfzig kein Rechter ist, hat vom Leben nichts verstanden.»

(Ich weiß nicht mehr genau, wer das gesagt hat: vielleicht Ennio Flaiano, vielleicht auch Leo Longanesi, jedenfalls einer dieser Richtung.)

«Wenn es in Italien eine Sache gibt, die wirklich funktioniert, dann ist das die Unordnung.»

(L. LONGANESI)

«Bern ist die ordentlichste Stadt der Schweiz. Sie ist doppelt so groß wie der Friedhof von Neapel, doch man vergnügt sich dort nur halb soviel.»

(L. D. C.)

«Eine Idee, die keinen Sitzplatz findet, ist fähig, eine Revolution zu entfachen.»

(L. LONGANESI)

«Die Jugend will stets Barrikaden bauen, nimmt dafür aber lieber die Möbel von anderen.»

(E. FLAIANO)

«Die Unordnung ist unser Reichtum, aber auch unser Elend.»

(L. LONGANESI)

«Je älter man wird, desto mehr schwindet die Hoff
nung auf Unsterblichkeit.»

(E. FLAIANO)

«Viele Leute geben aus Vorsicht vor, links zu stehen.»

(L. D. C.)

«Der Mensch bringt die erste Hälfte seines Lebens
damit zu, seine Gesundheit zu ruinieren, die zweite
Hälfte mit dem Versuch, sie wiederherzustellen.»

(J. LEONARD)

«Die unter Jugendlichen vorherrschende Ideologie
ist die, mit anderen Jugendlichen zusammenzusein,
oder, was das gleiche ist, sich von den Alten fernzu-
halten.»

(L. D. C.)

«Bücher und alte Leute haben die Aufgabe, Erfah-
rungen weiterzugeben. Eine Gesellschaft, die nicht
liest und die Alten nicht achtet, ist verloren.»

(L. D. C.)

«Alte Leute, die Humor besitzen, besitzen ein An-
recht auf dreißig Prozent Altersrabatt.»

(L. D. C.)

«Jugend ist eine Krankheit, von der man schnell
geheilt wird.»

(L. D. C.)

«Um die Zeitgenossen zu schätzen, muß man kein Zeitgenosse sein.»

(E. FLAIANO)

«Ich bin bereit, Ungerechtigkeiten zu ertragen, vorausgesetzt, sie geschehen in einer gewissen Ordnung.»

(L. LONGANESI)

«Ich liebe die Ordnung. Wo es sie gibt, erlaubt sie mir, gegen sie zu verstoßen.»

(L. D. C.)

Typisch für junge Menschen sind zwei grundsätzliche Fehler: Erstens halten sie sich für unsterblich, zweitens glauben sie, immer recht zu haben. Manche Minderjährige sehen sich allen Ernstes als die Verkünder von Gottes Wort und haben absolut keine Lust, jemandem zuzuhören, der anderer Meinung ist. Sie kennen nur absolute Gewißheiten und haben noch nie etwas von den drei Kardinaltugenden der Toleranz gehört, als da wären: die Loslösung von der Leidenschaft *(apátheia)*, der Zweifel *(aporein)* und die Aussetzung des Urteils *(epochè)*. Als Strafe für diesen Hochmut läßt die Entropie sie so schnell wie möglich altern.

Mein Vater war kein Mann vieler Worte. Gewöhnlich brauchte er nur eins, um einen Sachverhalt zu kommentieren. Das aber wurde mit größter Sorgfalt ge-

wählt. Wenn zum Beispiel das Telefon zu lange klin
gelte, schaute er sich zuerst mit verzweifelter Miene
um und sagte dann nur: «Telefon!» – und das Ausru-
fezeichen fehlte nie.

Einmal, das war im Jahr 1940, zog ein Aufmarsch
von Studenten durch die Via Caracciola: Zum Groß-
teil waren es Mitglieder der GUF, der faschistischen
Studentenorganisation, die laut grölend zum Kriegs-
eintritt Italiens aufforderten: Sie sangen Parolen wie
«Nizza und Savoyen, Korsika und Malta, euer Schicksal ist Rom» und schrien Sprechchöre wie «Tod dem
heimtückischen Albion!» und «Gott strafe die Eng-
länder!». Mein Vater trat auf den Balkon, schaute sich
das Spektakel ein paar Sekunden lang schweigend
an, kam dann ins Zimmer zurück und sagte nur:

«Studenten!»

Für ihn bedeutete dieses Wort soviel wie eine lange
Erklärung. Es war, als hätte er gesagt: «Da haben wir
sie wieder, die Jugend. Macht einen Riesenaufstand,
und dann sind wir es, die in den Krieg müssen.» Und
wenn ihn jemand daran erinnert hätte, daß die faschi-
stische Hymne *Giovinezza* (Jugend) hieß, hätte er nur
«eben» geantwortet, und wer verstehen wollte, hätte
verstanden.

Meist ist es ja so, daß Studenten, egal, wie eine
Regierung beschaffen ist, den unwiderstehlichen
Drang verspüren, ihre Mißbilligung gegen sie zum
Ausdruck zu bringen. Das Problem ist eher physiolo-

gischer als politischer Natur. Es ist der Vulkan der Unordnung, der immer wieder zum Ausbruch drängt. Und es gibt, wie der große Dichter Hölderlin im *Tod des Empedokles* sagt, kein Mittel, ihn aufzuhalten.

Man könnte daraus folgern, daß eine Diktatur Ordnung bedeutet, und eine Revolution Unordnung. Dabei ist, genauer betrachtet, auch für eine Revolution ein wenig Ordnung schon vonnöten. Bakunin, der sich mit Revolutionen wirklich auskannte, sagte, daß jede Revolution zu drei Vierteln Phantasie ist und zu einem Viertel Realität. Man denke nur an all die Probleme, die so ein Aufstand mit sich bringt. Als erstes ist ein Termin festzulegen:

«Also, morgen 8.30 Uhr auf der Piazza Santi Apostoli. Und bitte pünktlich kommen.»

«Und was ist mit Giorgio und seinen Leuten?»

«Die ziehen los, um die Saxa Rubra einzunehmen.»

«Auch um 8.30?»

«Klar. Es muß alles gleichzeitig ablaufen. Sonst geht die Sache schief.»

Dann stellt sich das Problem der Waffen. Irgend jemand muß sie rechtzeitig ordern, und es ist kein Zufall, daß das Verb «ordern» die gleiche Wurzel wie «Ordnung» hat. Mit anderen Worten: Gute Revolutionäre müssen vor allem geordnet vorgehen. Vielleicht haben wir Italiener deswegen nur so wenige Revolutionen zustande gebracht – zu chaotisch, um das Ziel zu erreichen. Jene von 1899 in Neapel war geradezu erbärmlich. Sogar das gemeine Volk machte sich über die Revolutionäre lustig.

In der Politik ist Unordnung nichts anderes als ein roter Apostroph zwischen zwei aufeinanderfolgenden Ordnungen, jener der Vorbereitungen zur Machtübernahme und jener der Machtausübung. Oder anders, jeder, der an die Macht kommt, ganz gleich mit welchen Ideen, setzt sich als oberstes Ziel, diese Macht zu erhalten. Das findet man leicht bestätigt, wenn man ein beliebiges Geschichtsbuch aufschlägt und nachliest, was nach dem Sturm auf die Bastille geschah oder nach der Einnahme des Winterpalais. Robespierre und Stalin wurden auf der linken Seite geboren und starben auf der rechten. Mussolini wurde als Sozialist geboren und starb als Faschist.

Solche Gedanken zu vertreten ist aber nicht ganz ungefährlich: Man wird sogleich beschuldigt, keinen festen Standpunkt zu haben, also ein *Qualunquista** zu sein. Leider gibt es ja, ähnlich dem Rassismus gegenüber Schwarzen, auch einen Rassismus gegenüber *Qualunquisti*. Zu allen Parteien eine gewisse Distanz zu halten, wurde noch nie als Sieg der Vernunft über die Leidenschaft angesehen, sondern stets

---

* Der Begriff leitet sich von der politischen Bewegung des *Qualunquismo* ab – von Guglielmo Giannini ˙1944 gegründet –, die gegenüber Staat und Parteien eine distanzierte bis feindliche Position einnahm; *qualunque* – «gleichgültig», «beliebig». Anm. d. Übers.

als verwerfliche Politikverdrossenheit. Die Regierenden fürchten einen *Qualunquista* mehr als einen politischen Gegner. Gegen letzteren wissen sie sich zu verteidigen; es reicht, ihn als Kommunist oder Faschist zu brandmarken. Mit ersterem jedoch haben sie Probleme: Mehr, als ihn *Qualunquista* zu nennen, fällt ihnen nicht ein.

Für die Mehrheit der Italiener ist jemand, der nicht links steht, automatisch ein Rechter, und umgekehrt genauso. Nur wenige können sich mit der Vorstellung anfreunden, daß es Leute gibt, die je nach dem Problem, das auf dem Tisch liegt, mal mit den Linken und mal mit den Rechten übereinstimmen. Außerdem haben sich in letzter Zeit die Unterschiede zwischen Konservativen und Progressiven in fast allen demokratischen Ländern auf ein Minimum reduziert. Einige Glaubenssätze, die früher zur Bibel der Linken gehörten, werden heute von den Rechten heruntergebetet, und umgekehrt. Früher haßte ein linker Intellektueller die Adligen und liebte das Volk. Heute hat er die Zielscheibe gewechselt; er ist selbst aristokratisch geworden, und alles, was nach gemeinem Volk stinkt, wie Fernsehshows, Karaoke, Quizsendungen und so weiter, ekelt ihn an. Nicht einmal Miniröcke gefallen ihm mehr. Dabei hatten sie ihn in den sechziger Jahren, als sie ihm als Zeichen des Protests gegen die bürgerliche Moral galten, noch so begeistert. Dann, als sie immer mehr zu einem Mas senphänomen wurden, begann er, die Nase über sie zu rümpfen. Umgekehrt finden die Rechten eine Menge Zustimmung gerade in den unteren sozialen Schichten des Landes: Man muß nur einmal ein paar Worte mit einem Taxifahrer, einer Bauersfrau oder einem Gemüsehändler wechseln, um einen Eindruck davon zu bekommen, wie groß dort die Sehnsucht nach dem «starken Mann» ist. Möge der selige Guglielmo Giannini ihnen verzeihen.

VIII

Ordnung und Durcheinander

In Neapel bedeutet der Ausdruck *facìte ammuìna* soviel wie «veranstaltet ein Durcheinander». Er geht auf eine aller Wahrscheinlichkeit nach nicht zutreffende Anekdote zurück, mit der die bourbonische Marine lächerlich gemacht werden sollte. Die Historiker (vor allem jene aus Piemont) erzählen vom Besuch hoher Staatsgäste auf den Schiffen Ferdinands II. Und um vor diesen ein Bild größtmöglicher Effizienz abzugeben, seien alle Matrosen auf den Befehl *facìte ammuìna* hin dazu angehalten gewesen, in einem fort vom Bug zum Heck, von Backbord nach Steuerbord und vom Laderaum zum Deck hin und her zu laufen.

Von der Geschichte zur Physik: Schauen wir uns einmal an, was in der Materie so alles los ist. Ich sitze in einer römischen Trattoria vor einem Teller heißer Fleischbrühe, und während ich darauf warte, daß sie etwas abkühlt, mache ich mir meine Gedanken.

Wenn ich mir meine Brühe so anschaue, scheint sie eine ruhige Flüssigkeit ohne größere Probleme zu sein; sie verbreitet ein herrliches Fleischaroma, und ich kann mir denken, daß sie auch köstlich schmek-

KÖNIGREICH BEIDER SIZILIEN

DIENSTVORSCHRIFT
DER KÖNIGLICHEN MARINE
1841

BEFEHLE, die an Bord der Kriegs- und Frachtschiffe der Königlichen Marine zur Anwendung kommen.

Neapel, 20. September 1841

....

KAPITEL XIX

....

Art. 27 — FACITE AMMUINA. Auf den Befehl «Facite ammuina» bewegen sich alle, die am Bug stehen, zum Heck hin, und alle, die am Heck stehen, zum Bug hin. Alle auf der Backbordseite bewegen sich nach Steuerbord, und alle auf der Steuerbordseite bewegen sich nach Backbord; alle, die auf der Brücke stehen, bewegen sich zum Laderaum, und alle, die im Laderaum sind, bewegen sich zur Brücke, wobei alle denselben Durchgang benutzen. Wer überhaupt nichts zu tun hat, läuft einfach hin und her.

Befehl: «FACITE AMMUINA»!!!

Anzuwenden anläßlich des Besuchs höchster Autoritäten des Königreichs an Bord.

Il Maresciallo di Campo
Direttore del Ministero
e del Segretario di Stato
della guerra e marina
Firm. Giosuè di Buonfiglio

ken wird. Würde ich sie jedoch genauer untersuchen, vielleicht mit einem Elektronenmikroskop, könnte ich apokalyptische Szenen beobachten, speziell die Bewegungen von Molekülen, die vom Bug zum Heck und von Backbord nach Steuerbord unterwegs sind.

Am Ende hat noch jemand, sage ich mir, meiner Brühe den Befehl *facite ammuìna* gegeben. Aber die Sache geht noch weiter: Einige Moleküle gehen vom flüssigen in den gasförmigen Zustand über, das heißt, sie verlassen die Brühe, um in den Himmel aufgenommen zu werden. Vorhin habe ich sie ganz einfach «Aroma» genannt, dabei waren sie nichts anderes als die schnellsten Moleküle. Sähe ich mir auch das Innere dieser Moleküle genauer an, würde ich entdecken, daß auch die Atome, aus denen sie bestehen, ganz schön zu tun haben: Sie drehen sich und schwingen von rechts nach links und von links nach rechts, genauso wie die Elektronen, die Neutronen und Protonen im Innern der Atome sich drehen und schwingen. Zusammengefaßt: Je heißer meine Brühe ist, desto größer die Entropie in meinem Suppenteller.

Aber was ist *Entropie* überhaupt? Im Grunde ist sie ein Unglück, eine Last, die uns aufgebürdet wurde und der wir uns nicht entziehen können. Als Adam und Eva aus dem Paradies vertrieben wurden, hörten sie von oben eine Stimme: «Du, Mann, wirst im Schweiße deines Angesichts arbeiten, und du, Frau, wirst unter Schmerzen gebären.» Dann, nach einer kurzen Pause, fügte die Stimme hinzu: «Und alle beide werdet ihr bis in alle Ewigkeit von der Entropie verfolgt werden.»

In jenem Augenblick verstanden die beiden Verdammten nur die ersten zwei Strafen. Um auch die dritte zu verstehen, hätten sie bis zum Jahr 1824 warten müssen, als ein Wissenschaftler, ein gewisser Carnot, entdeckte, daß wir zum Leben sehr viel Energie benötigen und daß immer, wenn wir Energie umsetzen, sich ein Teil dieser Energie auf und davon macht, um sich mit der Umgebung zu vermengen, wodurch Unordnung erzeugt wird.* Und das Maß dieser Unordnung heißt Entropie, so wie das Maß für Wärme die Temperatur ist.

Nehmen wir zum Beispiel an, ich komme abends nach Hause und finde meinen Kleiderschrank ausgeräumt vor: Hemden, Jacketts, Strümpfe, Krawatten und Hosen liegen durcheinander in einem großen Haufen auf dem Fußboden. Als erstes würde ich Marianna, mein philippinisches Dienstmädchen, fragen, wer das Chaos veranstaltet hat. Würde sie antworten: «Keiner», würde ich ihr natürlich nicht glauben, da meine Kleider sich schließlich nicht von alleine so «vermengt» haben können. Hätte eine äußere Ursache, was weiß ich, irgendeine Energiequelle, sie

---

* Der zweite Hauptsatz der Thermodynamik wurde eigentlich erst 1850 von Rudolph Clausius formuliert. Carnot hatte 1824 nur die Hypothese dazu aufgestellt.

in flüssige oder gasförmige Substanzen verwandelt, hätte ich ihr vielleicht sogar noch glauben können, doch als feste Gegenstände können sie sich unmöglich automatisch in Unordnung gebracht haben.

Um die Sache noch anschaulicher zu machen: Wenn ich Milch und Kaffee in einer Tasse zusammengieße, werden sich, da es sich um Flüssigkeiten handelt, die Kaffee- und Milchmoleküle nicht reglos gegenüberstehen und staunend anblicken, sondern sie werden sich zu einem einzigen Milchkaffee vermischen. Genauso ist es mit den Kohlendioxydabgasen, die durch die Auspuffrohre der Autos freigesetzt werden: Da es sich um Gase handelt, verlieren sie sich in der Luft, das heißt, sie vermischen sich gern mit allem, was ihnen so an gasförmigen Stoffen über den Weg läuft.

Nehmen wir einen Liter kaltes und einen Liter warmes Wasser und gießen beide in einen Eimer. Was erhalten wir dann? Die Antwort ist einfach: zwei Liter lauwarmes Wasser. Wenn wir jedoch die Unordnung messen, die im Eimer entstanden ist, stellen wir fest, daß sich zwei sehr wichtige Dinge ereignet haben. Erstens: Die Entropie der entstandenen zwei Liter lauwarmen Wassers ist größer als die Summe der Ausgangsentropien. Zweitens: Es ist nicht möglich, einen Liter kaltes und einen Liter warmes Wasser zurückzuerhalten. Mit anderen Worten, ist einmal ein gewisser Grad von Unordnung ereicht, ist eine Rückkehr zur vorherigen Unordnung ausgeschlossen.

Dieses Phänomen, in der Physik als zweiter Hauptsatz der Thermodynamik bekannt, enthält eine bedauerliche eschatologische Botschaft: Die Welt steuert unausweichlich auf die finale Katastrophe zu, das heißt, sie altert. Langsam vielleicht, doch sie altert. Und auch jene Dinge, die uns auf den ersten Blick ewig erscheinen, wie ein Berg oder ein Wolkenkratzer aus Stahl und Beton, sind dazu verdammt, mit der Zeit zu zerbröckeln und zu verschwinden. Und ebenso werden sich in Milliarden von Jahren Sonne, Mond, Milchstraßen und Sterne aufgelöst haben.

«Ein entropischer Prozeß läßt sich nur verlangsamen, nicht aufhalten!» dozierte mein Physiklehrer auf dem Gymnasium. «Jedenfalls ist er nicht umkehrbar: Aus einem Aquarium kann eine Fischsuppe werden, aber aus einer Fischsuppe kein Aquarium.»

Und dazu lachte er jedesmal aus vollem Herzen, voller Genugtuung über die seiner Ansicht nach sehr geistreiche Bemerkung.

Da ich nun schon vom zweiten Hauptsatz der Thermodynamik gesprochen habe, bin ich dem ersten wohl auch einige Beachtung schuldig. Der berühmte Satz: «Nichts wird geschaffen, und nichts wird zerstört», gegen Ende des 18. Jahrhunderts von Antoine Laurent Lavoisier, dem Begründer der modernen Chemie, formuliert, erinnert uns daran, daß das Universum ein Energiebehälter und die Energie darin unzerstörbar ist. Es ist also Unsinn zu sagen: «Ich habe viel Energie verbraucht», weil man Energie nie verbrauchen kann. Höchstens ändert sie ihren Namen, zum Beispiel, wenn ein Verbrennungsmotor thermische Energie in dynamische Energie umwandelt. Und genau in diesem Moment tritt der *zweite Hauptsatz der Thermodynamik* auf den Plan, der von Carnot: «Jedesmal, wenn sich Materie in Energie verwandelt, wird ein Teil davon nicht mehr verwendbar, kann also nicht mehr in Arbeit umgewandelt werden.»

Um nun besser zu verstehen, was uns die Zukunft bringen wird, stellen wir uns die Natur einmal als ein gigantisches Schlachtfeld vor, auf dem sich Tag für Tag zwei große Heere mit offenem Visier gegenüberstehen. Das eine ist das der Beschützer der Ordnung, das andere das der Verfechter der Unordnung. Ersteres kämpft darum, die Welt so lange wie möglich zu erhalten, letzteres will sie zerstören. So verstanden wäre Ordnung die Voraussetzung fürs Überleben, Unordnung hingegen der unvermeidliche Weg zur endgültigen Vernichtung.

Irgend jemand hat gesagt, daß wir Menschen uns auf halbem Weg zwischen dem unendlich Großen und dem unendlich Kleinen befinden. Zu Demokrits Zeiten nahm man an, daß Atome die kleinsten Bausteine der Schöpfung seien. Viel später hat dann die Atomphysik herausgefunden, daß Atome nicht nur riesig groß, sondern auch fast leer sind. Denn ein Atom besteht aus einem winzigen *Kern* in der Mitte und einer Gruppe von *Elektronen*, die sich in enormer Entfernung um diesen Kern drehen. Und das ist noch nicht alles: Auch im Kern bewegt sich etwas, und zwar die positiv geladenen *Protonen* sowie die *Neutronen*, die keine elektrische Ladung besitzen. Und es geht noch weiter: Die Babuschka-Puppe Natur hat noch einige Überraschungen für uns parat: Die Protonen sind nicht, wie viele glauben, die kleinsten Bausteine des Universums. In ihrem Innern stecken mysteriöse Teilchen, die *Quarks* genannt werden, und ich bin überzeugt, wenn wir noch tiefer suchen würden, fänden wir auch in den Quarks irgend etwas, das sich bewegt, wahrscheinlich Millionen und Abermillionen winziger mittelalterlicher Krieger, mit Eisenkeulen bewaffnet, die sich systematisch auf alles stürzen, was fest ist, um es in möglichst kleine Teile zu zerschlagen. Und wir würden daneben ein zweites Heer entdecken, ein Heer von Korpuskeln, die als Wächter gekleidet sind und alles tun, um das Zerstörungswerk der Krieger zu verhindern.

Das Ziel der Beschützer der Ordnung ist der Erhalt des Bestehenden, das der Verfechter der Unordnung die systematische Zerstörung der Natur. Die Taktik der ersteren ist die Symmetrie, die letzterer die Vernichtung der Materie. Um das zu verstehen, braucht man nur Darwins Werk *Von der Entstehung der Arten* zu lesen. Ein Vogelschwarm, der fortzieht, ordnet sich in der Form eines Dreiecks an, um den Luftwiderstand so klein wie möglich zu halten. Tabakrauch, der vom Mund eines Pfeifenrauchers ausgestoßen wird, formt sich zu einem Ring, nur um die endgültige Auflösung einige Sekunden hinauszuzögern. Auch bei einem Spinnennetz oder einem Bienenstock spielt die Symmetrie eine entscheidende Rolle. Auch hier sind die Beschützer der Ordnung am Werk. Wenn hingegen manche Tierarten für immer vom Erdboden verschwinden, geschieht das, weil es den Kräften der Unordnung in bestimmten Fällen gelingt, die Wächter auszuschalten. In unserer gegenwärtigen Situation ist das Universum zu einem Milliardstel seines Volumens geordnet und ungeordnet zu den restlichen 999 999 999 milliardstel Teilen. Und Gott sei Dank leben wir in jenem Milliardstel, das noch funktioniert.

Was ist «Leben»? Es ist Geburt und Tod eines Organismus in einem bestimmten Zeitraum. Wollen wir jedoch genauer definieren, was Leben ist, müssen wir uns zunächst einmal die Begriffe «Organismus», «Geburt», «Tod» und vor allem «Zeit» näher ansehen. Eine Zelle, die sich in mehrere Zellen teilt, ist sicher ein Organismus, der wächst und daher lebt.

Aber aufgrund welchen Wunders gelingt ihm das? Dank einer Energiezufuhr von außen, von Wasser, Luft und Sonne. Es sind also auch hier die Beschützer der Ordnung, die sich ins Zeug legen, um der Zelle Überleben und Reproduktion zu ermöglichen. Gleichzeitig wird sie jedoch von Verfechtern der Unordnung umringt und angegriffen, die eindeutig beabsichtigen, sie zu vernichten. Der Mensch ist in seinen ersten Lebensjahren von Natur aus antientropisch. Von der Lebensmitte an hingegen schlägt er den Weg des Niedergangs ein, und am Ende erwartet ihn der Tod, das heißt die totale Auflösung in seiner Umgebung. So hat es die Notwendigkeit festgelegt, und so wird es bis in alle Ewigkeit bleiben. Der Kosmos, sagten die alten Griechen, entsteht aus dem Chaos und kehrt zum Chaos zurück. Oder, um es auf lateinisch zu sagen, *pulvis es et in pulverem reveretis* (Du bist Staub, und zum Staub wirst du zurückkehren).

In Neapel ist die Unordnung zu Hause. Trotzdem schafft man es dort immer noch, mit viel Geduld und ein wenig Erfindungsgabe, zu überleben und sich fortzupflanzen. Nehmen wir als Beispiel den Autoverkehr. Das Chaos auf den Straßen macht es schwer, um nicht zu sagen unmöglich, irgendeine Verabredung einzuhalten. Diesem Notstand begegnet ein echter Neapolitaner, indem er den Grundgedanken einer Verabredung etwas abwandelt: So sagt er nie, «wir sehen uns um fünf Uhr», sondern *«ce vedimmo a' via d' 'e cinque»*, was soviel heißt wie, «wir sehen uns ungefähr um fünf». Mit anderen Worten, zwischen halb vier und halb sechs. Wenn die Verspätung dann noch größere Ausmaße annehmen sollte, gibt es immer noch den Telefondienst, den Massimo Colatosti anbietet. Dieser junge Mann wartet an den großen Straßenkreuzungen, und sobald er sieht, daß sich ein ordentlicher Stau bildet, preist er den wartenden Autofahrern sein Handy an.

«Dreitausend Lire!» schreit er zwischen den stekkengebliebenen Autos. «Lassen Sie Ihre Lieben nicht voller Sorge warten. Geben Sie Ihren Familien Bescheid!»

Oder: «Dreitausend Lire! Sind Sie unterwegs zu einem Geschäftstermin oder einem Rendezvous? Benachrichtigen Sie alle, die auf Sie warten. Nur dreitausend Lire, und Sie ersparen es sich, eine schlechte Figur zu machen.»

Für längere Anrufe verlangt Colatosti natürlich einen Aufpreis, den er mit seinem eigens mitgebrachten Gebührenzähler berechnet.

Auch für Fußgänger, die durch den Verkehr über die Straße müssen, bietet sich Hilfe an. In Santa Lucia steht an der Küstenstraße vor dem Eingang der Restaurants «La Bersagliera» und «Zi' Teresa» ein vornehm gekleideter Herr, der Passanten zunächst über die Gefahren des Straßenverkehrs aufklärt und sie dann auf die andere Straßenseite geleitet.

«Hier an dieser Stelle», sagte er, «rasen sie wie die Wilden. Doch keine Sorge: Folgen Sie mir einfach.»

Dann stürzt er sich als erster in den Verkehr und hält die Autos mit erhobener Hand an. Wenn alle drüben sind, verlangt er tausend Lire für den Freundschaftsdienst. Polizisten, die ihm einen Strafzettel wegen Verkehrsbehinderung aufbrummen wollen, entgegnet er:

«Damit Sie es nur wissen, ich nehme eine Aufgabe im Dienste der Allgemeinheit wahr. Und das noch unter Lebensgefahr!»

Wenn sich in der Natur etwas bewegt, hat das immer einen bestimmten Grund, sonst würde es sich nicht bewegen. Kommt Wind auf, heißt das, daß es Luftdruckunterschiede zwischen zwei benachbarten Zonen gibt. Die Luft drängt von der Zone mit dem höheren Druck zu jener mit dem niedrigeren, und je größer das Gefälle, desto stärker der Wind. Ähnliches läßt sich von der Wärme sagen: Kommen sich zwei Körper mit unterschiedlichen Temperaturen nahe, entsteht sofort eine thermische Bewegung vom wärmeren zum kälteren hin. Mit anderen Worten, die Unordnung wird durch Unterschiede stimuliert, während der Ordnung nur die Gleichheit genehm ist.

Bei dem fortwährenden Zerbröckeln und Gleichmachen fragt man sich jedoch, was an dem Tag passiert, wenn es keine Objekte mehr gibt, die zu zerstören, und keine Differenzen, die auszugleichen wären. Wenn sich auch das allerkleinste Quark aufgelöst hat, ist das gesamte Universum nur noch ein einziger stiller Milchkaffee. Die Moleküle haben keinen einleuchtenden Grund mehr, sich zu bewegen, jeder Punkt des Raums ist allen anderen Punkten gleich, die Unbeweglichkeit legt sich bleiern auf die Schöpfung und der höchste Grad der Ordnung fällt mit dem höchsten Grad der Unordnung zusammen. Und dann, an jenem Tag, erscheint die Schrift FINE. Oder besser THE END.

Es sei denn, alles begänne von vorn.

IX
Der Sport

Und wie sieht es mit Ordnung und Unordnung im Sport aus? Nun, hier gilt es zunächst einmal, zwischen den verschiedenen Sportarten zu unterscheiden, und vor allem zwischen Sportler und Fan. Es gibt Sportarten, bei denen es auf Phantasie ankommt, und andere, die gut darauf verzichten können. Leichtathletik ist zum Beispiel ein Sport, der der Unordnung sehr, sehr wenig Raum läßt: Ihre Grundlage sind Zahlen, Weiten, Zeiten; mit Phantasie hat sie wenig am Hut. Gleichzeitig läßt sich an ihr jedoch der subtile Charme der Ordnung gut aufzeigen.

Ich selbst habe lange Zeit Leichtathletik betrieben, hauptsächlich zwischen meinem achtzehnten und fünfundzwanzigsten Lebensjahr, und dabei auch einige ganz ansehnliche Erfolge erringen können: Kampanischer Meister über die 800 Meter zu Beginn der fünfziger Jahre, italienischer Meister mit der 4 × 400-Meter-Staffel − in der dritten Klasse allerdings nur − und einige gute Zeiten und Ergebnisse auf den längeren Mittelstrecken. (Es war damals die große Zeit von Mario Lanza und Ottavio Missoni, Olympiateilnehmer in Berlin über 800 Meter beziehungsweise in London über 400 Meter Hürden.)

Es waren aber auch heroische Zeiten: Der Krieg war gerade zu Ende, den Leichtathletikvereinen standen kaum Gelder zur Verfügung, und die armen Athleten (arm in jeder Beziehung, denn sie hatten keine Lire in der Tasche und aßen wenig und schlecht) mußten für alles selbst aufkommen. Das Training fand im Collana-Stadion statt, mit freundlicher Genehmigung der Alliierten, die auf derselben Bahn mit ihren Motorrädern, den gefürchteten Harley-Davidson, Rennen fuhren und auf der Aschenbahn Gräben so tief wie die Canyons in Arizona aufrissen. Wenn wir dann einmal im Jahr nach Meran zu den Studentenmeisterschaften fuhren, sparten wir uns gewöhnlich die Kosten für ein Hotel und schliefen im Zug. Und zwar in den alten Dritte-Klasse-Abteilen, ausgestreckt auf den Gepäckablagen, sowohl die Nacht vor als auch die direkt nach dem Wettkampf. Nun gibt es zwei Glaubensrichtungen, was das Schlafen auf Gepäckablagen in Zügen betrifft: Die einen haben die Stange, mit der die Ablage unterteilt ist, lieber unter dem Hintern, die anderen lieber unter dem Rücken. Die erste Lösung, die zunächst die vorteilhaftere zu sein scheint, bringt die Unannehmlichkeit mit sich, daß man den Kopf im rechten Winkel gegen die Abteilwand drücken muß. Bei der zweiten hingegen kann man die Beine nicht ausstrecken. Doch egal, Hauptsache, man ist jung. Der Rest gibt sich.

Ein weiteres Problem waren die Laufschuhe mit

Spikes. Nur wenige besaßen solch ein Paar. Ich zum Beispiel teilte mir die Schuhe mit einem gewissen Mario Capuozzo aus Portici, der auch Schuhgröße 42 hatte, jedoch die 10 000 Meter lief. Um die Schuhe zu bekommen, mußte ich immer warten, bis er seinen Wettkampf beendet hatte. Einmal, als Capuozzo es nicht rechtzeitig schaffte und bewußtlos auf der Zielgeraden des 10 000-Meter-Laufs zusammenbrach, mußte ich ihm auf der Aschenbahn die Schuhe von den Füßen streifen und wie ein Verrückter zur Startlinie meiner 400 Meter rüberrennen.

Warum ich Leichtathletik mochte und warum ich sie immer noch ausgesprochen gern im Fernsehen sehe? Weil sie unter allen Wettkämpfen, an denen ich in meinem Leben teilgenommen habe, dem Grundgedanken der *Gerechtigkeit* am nächsten kommt, wobei ich hier die Annahme gelten lasse, daß *Gerechtigkeit* mit Ordnung zu tun hat. In der Leichtathletik gibt es keine Preis- oder Schiedsrichter, die das Resultat beeinflussen können: Bei einem Lauf kommt der Beste als erster ins Ziel (und das sieht man), und der Schlechteste wird letzter (und auch das sieht man). Bei fast allen sonstigen menschlichen Aktivitäten hingegen, Sport eingeschlossen, mischen Schiedsrichter, Preisrichter oder andere Leute mit, die das Ergebnis, möglicherweise ohne böse Absicht, verfälschen können. Das Urteil über Künstler zum Beispiel, egal, ob es sich um Schauspieler, Schriftsteller, Maler oder Sänger handelt, wird fast immer von einer mächtigen Lobby gefällt, das heißt einem Grüppchen von Damen und Herren, die sich «Fachleute» nennen und darüber entscheiden, wer aufs Podium steigen darf und wer im Gedächtnis der Nachwelt nichts zu suchen hat. Ach, wie gerne würde ich «Athleten» wie Guareschi, Pasolini, Berto, Moravia, Marotta und Sciascia am Start Aufstellung nehmen lassen und dann rufen «AUF DIE PLÄTZE, MEINE HERREN, FERTIG, LOS». Dann könnten wir sehen, wer erster und wer letzter wird, ohne etwas auf die Meinungen der Feuilletonisten, der Literatur-Mafia und der Parteibüros geben zu müssen!

Die Unordnung erhebt ihr Haupt erst bei den Sportarten, die neben Körperkräften auch Phantasie verlangen: Vor allem beim Fußball. Betrachten wir uns einmal Fähigkeiten und Charakter zweier Spieler, die Fußballgeschichte geschrieben haben: Rivera und Maradona, Ordnung und Unordnung in Person, auf dem Spielfeld und außerhalb.

Aber Vorsicht: Wenn man von Gianni Rivera als Mann der Ordnung spricht, heißt das nicht, daß es ihm etwa an Phantasie gefehlt hätte. Ganz im Gegenteil. Jedenfalls waren seine millimetergenauen Pässe in den freien Raum und seine präzise, geniale Spielaufteilung fast immer spielentscheidend. Rivera war immer ein Mann der Ordnung. Seine ordnende Hand spürte man in jedem Winkel des Platzes, und egal, wo er sich freilief, er war immer Dreh- und Angelpunkt seiner Mannschaft. Und auch in seinem Privatleben war Rivera immer Rivera, das heißt ein reifer, kluger Mann, und das schon mit fünfzehn, sechzehn Jahren, als er noch in der Jugendmannschaft von Alessandria spielte.

Welch ein Unterschied zu Maradona! Diego hat in Neapel die schönsten und häßlichsten Seiten der Unordnung vorgeführt. Technische Kabinettstückchen, unmögliche Tore, schnelle Antritte mit dem Ball am Fuß über das halbe Spielfeld bis hinein ins gegnerische Tor. Und, außerhalb des Stadions, Drogenpartys, dubiose Freundschaften, uneheliche Kinder, Kontakte zur Camorra, Frauen für eine Nacht. Es war so, als hätte er sich gesagt: «Denk dran, Diego, das Leben ist kurz. Also halte dich ran.» Trotzdem merkt man, wenn man ihn besser kennenlernt, daß Maradona kein schlechter Kerl ist und mit Kriminalität eigentlich nichts zu schaffen hat. Leider wird er schon von Geburt an von dem Gott Dionysos beherrscht, und ich glaube nicht, daß er sich jemals ändern wird, egal, wie groß seine Fähigkeit sein mag, begangene Fehler einzusehen.

Kommen wir abschließend zu den Fußballfans. Hier braucht man eigentlich keine langen Erklärungen, um zu wissen, mit wem man es zu tun hat. Der

Fußballfan ist ein von besinnungsloser Liebe zu seiner Mannschaft ergriffenes Individuum, das sich beharrlich weigert, irgend etwas wahrzunehmen, das nicht zu seiner Leidenschaft paßt. Lassen Sie sich nur einmal den Spielverlauf des Derbys AS Rom gegen Lazio Rom von je einem Vertreter der gegnerischen Fangemeinden erzählen. Ich habe es mit Carlo Verdone (einem eingefleischten AS Rom-Fan) und Enrico Montesano (einem eingefleischten Lazio-Fan) versucht. Sie schienen tatsächlich zwei verschiedene Spiele gesehen zu haben. Und das, obwohl beide, Enrico und Carlo, intelligente Menschen sind, zwei Schauspieler, die man außerhalb des Stadions als durchaus normal bezeichnen würde. Was sie mir von dem Spiel erzählten, hatte herzlich wenig miteinander zu tun. Der eine vergaß die Fehlentscheidungen des Schiedsrichters, die AS Rom begünstigt hatten, und der andere die zugunsten von Lazio. Das einzige, worin sie übereinstimmten, war, daß der Schiedsrichter das Spiel nicht in den Griff bekommen hatte. Offensichtlich hielten sich beide für objektiv, auch wenn sie sich nicht wie faire Sportfreunde verhielten, sondern wie fanatische Fans, wie Verfechter der Unordnung also.

Der Fanatismus blendet den Fan und treibt ihn zu abstoßenden Handlungen, deren er sich schon zwei Stunden später höchstwahrscheinlich schämen wird. Ich habe seriöse Freiberufler beobachtet, darunter sogar Notare, die die Anhänger der Gegenmannschaft mit den obszönsten Gesten bedachten. Andere Male waren es feine Damen in Pelzmänteln, die wütende Beschimpfungen gegen den Schiedsrichter ausstießen. Sobald der Fan das Stadion betritt, verwandelt er sich in ein vom Haß verblendetes Monstrum. Das wird schon deutlich, wenn man sich die Spruchbänder auf den Rängen ansieht. Nachdem einmal in den Tagen vor einem denkwürdigen Spiel von AC Neapel in Verona in der Presse viel von einem drohenden Ausbruch des Vesuvs geschrieben worden war, rollten die einheimischen Fans im Stadion ein Spruchband aus, auf dem «LASS KNACKEN, VESUV!» stand. Zehn Minuten später antworteten die neapolitanischen Fans mit einem anderen Spruchband, auf das sie «JULIA IST EINE NUTTE» geschrieben hatten.

X

Der Computer

Zum erstenmal trafen wir uns im September 1961 in Maratea, in der Nähe der Wollspinnerei Rivetti. Doktor Negro, der Direktor des «Centro Elettronico», machte uns miteinander bekannt. Ich hatte gerade geheiratet, vielleicht einen Monat zuvor, und alles hätte ich mir vorstellen mögen, nur nicht, daß diese Begegnung mein ganzes Leben bestimmen würde. Nun gut, nicht mein ganzes, sagen wir, mein halbes Leben.

Schweigend, reglos, stand er da und nahm den ganzen Raum ein. Er war blau und nannte sich IBM 1401. So gewaltig seine Ausmaße, so schwach war sein Gedächtnis, gerade mal zweitausend Speichereinheiten. Kaum hatte man eine Arbeit begonnen, da mußte man schon wieder abbrechen, um die Zwischenergebnisse auf Lochkarten festzuhalten. Noch nicht mal einfache Multiplikationen schaffte er. Um ihn dennoch dazu zu bewegen, bedurfte es einer Engelsgeduld. Das heißt, man mußte ihn eine Zahl immer wieder, entsprechend der Größe des Multiplikators, addieren lassen. Gott, was für ein Aufwand!

Und dann gab das verfluchte Ding ständig den Geist auf: durchschnittlich einmal am Tag. Der für die Wartung zuständige Techniker war mit den Nerven ziemlich am Ende. Um nicht immer wieder den Weg zu uns raus machen zu müssen, hatte er sich eine Pritsche im Ersatzteillager aufstellen lassen. Praktisch schliefen die beiden zusammen.

Meine Frau haßte ihn natürlich: Die Abende, an denen ich nicht zum Essen nach Hause kam, waren zahlreicher als die, die wir gemeinsam Hand in Hand vor dem Fernseher verbringen konnten. Im Grunde war sie richtig eifersüchtig, besonders wenn sie abends von mir hörte: «Gestern hat er das und das gemacht... heute dies und jenes...» Die Ärmste spürte die Anwesenheit einer störenden dritten Person in unserer Beziehung, nicht gerade einer Geliebten, aber so was Ähnliches.

Das erste, was ich von Computern begriff, war, daß sie nicht verzeihen. Ihre Arbeitsweise ist kalt, rational, unflexibel. Ich wage zu behaupten, daß sie gnadenlos sind. Systematisch, Schritt für Schritt vorgehend, kennen sie keine anderen Antworten als «ja» und «nein». Von Phantasie nicht die geringste Spur. Obwohl die erzielten Resultate oft genug verblüffend sind, sind Computer, ganz nüchtern betrachtet, zwar sehr schnell, aber auch dumm. Wie oft habe ich mir schon einen Spaß daraus gemacht, sie ein bißchen zu ärgern. Manchmal reicht schon eine einfache Berechnung des Datums, um sie aus der Fassung zu bringen. Es heißt, daß der Übergang von 1999 zum Jahr 2000 die Banken dazu zwingen wird, alle Programme, mit denen die Zinsen der Spareinlagen berechnet werden, komplett auszutauschen. Ein Kostenfaktor von vielen Millionen Dollar. Sogar die Schweizer Banken werden in Schwierigkeiten kommen!

Computer entstanden aus dem Bedürfnis nach Schnelligkeit. Es war Anfang der vierziger Jahre, mitten im Zweiten Weltkrieg, als man sich in Philadelphia mit dem Problem zu befassen begann, daß die Berechnungen der Fliegerabwehr einfach viel zu lange dauerten. Die mechanischen Rechenmaschinen waren tatsächlich so unheimlich langsam, daß die feindlichen Bomber alle Zeit der Welt hatten, ihre Ziele anzusteuern, so viele Bomben abzuwerfen, wie sie wollten, und wieder davonzufliegen, ohne daß die unten auch nur einen einzigen Schuß hätten abfeuern können.

«Und wenn wir es mit elektrischen statt mit mechanischen Rechnern versuchen?» schlug der Verantwortliche der Fliegerabwehr, Doktor Mauchly, seinem Freund Eckert vor. «Glaubst du nicht, daß die schneller sein könnten?»

«Schneller schon», antwortete Eckert, «doch bräuchten wir für jede Ziffer, von null bis neun, zehn Drähte und zehn Lämpchen.»

«Nicht unbedingt», erwiderte Mauchly, «eine Röhre kann entweder ein- oder ausgeschaltet sein. Ist sie an, bedeutet das ‹eins›, wenn sie aus ist ‹null›.

Damit würden vier Röhren reichen: 0001 für 1, 0010 für 2, 0100 für 4, und 1000 für 8. Alle anderen Zahlen lassen sich durch Addition darstellen, also 0011 für 3, 0101 für 5 und so weiter. Das Wichtigste ist nur, jeweils ausschließlich zwei Symbole zu verwenden, die Null und die Eins. Mit anderen Worten, die aus- und die eingeschaltete Röhre anstelle der zehn Ziffern, wie sie normalerweise in der Arithmetik gebraucht werden.»

So entstand also der erste Computer, der sogenannte ENIAC, und mit ihm die *binäre Logik*.

Der Kybernetiker Hofstadter wurde einmal gefragt, ob es wohl je gelingen werde, einen Computer zu bauen, der so intelligent sei wie der Mensch. Und mit großem Ernst antwortete er: «Erst an dem Tag, an dem ein Computer versteht, ob ich etwas im Spaß sage oder nicht, können wir behaupten, einen intelligenten Computer geschaffen zu haben.» Mit anderen Worten: Es ist nicht die Geschwindigkeit oder die Leistungsfähigkeit des Gehirns, die den Menschen von der Maschine unterscheidet, sondern die Ironie. Nehmen wir einmal an, ich tippe folgenden Satz in meinen PC: «Eduardo Criscuolo und ich sind schon seit dem Gymnasium gute Freunde. Aber manchmal bringt er mich zur Weißglut, und dann könnte ich ihn umbringen.» Bei diesen Worten hätte der Computer keinen Zweifel an meinen Absichten. Auf eine entsprechende Frage würde er antworten: «Luciano De Crescenzo hat die Absicht, seinen früheren Klassenkameraden Eduardo Criscuolo umzubringen.»

Heute kann man die Intelligenz eines Computers mit Hilfe des *Turing Tests* messen. Ein Mensch und ein Computer werden in getrennten Räumen mit einem Drucker ausgestattet. Dann legt man beiden die gleichen Fragen vor. Stimmen die Antworten überein, heißt das, daß der Mensch und der Computer gleich intelligent sind. Weichen sie hingegen voneinander ab, wird der Mensch gegen einen anderen, je nach Bedarf einen dümmeren oder klügeren, ausgetauscht, bis schließlich der Intelligenzquotient des Computers bestimmt ist.

Die Tatsache jedoch, daß ein Computer denkt, wenn auch nur in binärer Logik, bringt es mit sich, daß das Verhältnis Mensch/Computer nach und nach, ja, wie soll ich sagen, immer inniger wird. Ich habe Programmierer beobachtet, die sich mit ihrem PC wie mit einem guten Freund unterhielten. Andere, die ihn anschrien, wenn er nicht richtig spurte, und wieder andere, die ihn freundlich grüßten, wenn sie ihn morgens einschalteten. Natürlich duzt ein Informatiker seinen Computer, wenn er sich mit ihm unterhält. Ein Techniker, der meinen PC einmal bei mir zu Hause reparierte, erzählte mir zum Beispiel folgendes:

«Ich wollte ihn eine Datei unter einem bestimmten

Namen speichern lassen, und *er* meinte, er habe den Namen schon im Menü. Also hab' ich ihm gesagt, daß mir das vollkommen egal ist, ob er den schon im Menü hat. Darauf er, ziemlich bockig: ‹Wenn dir das vollkommen egal ist, dann lösch ihn halt!› Darauf ich wieder ...»

Kurz und gut, zwischen Benutzer und Computer entsteht fast immer eine affektive Bindung, die aber früher oder später unweigerlich in eine Krise gerät, vor allem, weil die durchschnittliche Lebenserwartung eines Computers ziemlich kurz ist (drei, höchstens vier Jahre) und der Austausch eines Personalcomputers (der nicht umsonst so heißt) einem schmerzlichen Abschied gleichkommt. Jetzt frage ich mich: Wo enden all die verlassenen Computer? Wäre es nicht an der Zeit, spezielle Heime für ihren Lebensabend zu gründen?

Daß der Computer das Symbol der Ordnung schlechthin ist, versteht sich fast von selbst. Nicht zufällig haben die Franzosen ihn *ordinateur* getauft. Trotzdem reicht der lange Arm der Unordnung auch bis zum Computer. Doch wie schafft es die Unordnung, in eine dermaßen präzise geordnete, disziplinierte Welt einzubrechen? Wie gelingt es ihr, solch einen heiligen Ort zu verschmutzen? Ganz einfach: ein kleines Virus, und *addio* Computer.

Erklären wir zunächst ganz kurz für die Laien, was

ein Computervirus eigentlich ist. Es handelt sich um ein Bündel von Anweisungen, die, einmal in Umlauf gebracht, alles, was sich auf der Festplatte befindet, blockieren oder gar löschen. Nehmen wir zum Beispiel einmal an, daß mein Computer in diesem Moment von einem Virus befallen wird. Alle Seiten dieses Buches würden gelöscht, und in einem Augenblick wäre eine monatelange Arbeit zunichte gemacht. Allein bei dem Gedanken bekomme ich eine Gänsehaut. Damit das nicht tatsächlich geschehen kann, drucke ich jedes fertige Kapitel sofort schwarz auf weiß aus.

Jedenfalls können Sie mir glauben, daß die Begegnung mit einem Virus eine schreckliche Erfahrung ist. Was ich am eigenen Leib erleben mußte: Es war der 17. November 1995 (der berüchtigte «Freitag der 17.»)*, als alle drei Computer im Haus auf einen Schlag den Geist aufgaben. Ich wollte gerade mit der Arbeit auf meinem Lieblings-PC (dem in meinem Schlafzimmer) beginnen, doch als ich ihn einschaltete, ließ er nur ein kurzes Stöhnen vernehmen – und dann ging nichts mehr. Alle Versuche, ihn mit der Maus «wiederzubeleben», schlugen fehl. So war ich gezwungen, fachkundige Hilfe anzufordern, um festzustellen, ob wenigstens noch die letzten Dateien, die ich geschrieben hatte, zu retten waren. Das Antivirus-

* In Italien gilt die 17 als Unglückszahl, Anm. d. Übers.

Kommando rückte an, und innerhalb eines Tages war der Computer geheilt. Therapiekosten: 500 000 Lire.

Doch wer erfindet und verbreitet die Viren? Um beim Thema zu bleiben, könnte ich sagen: die Kräfte der Unordnung. Etwas profaner ausgedrückt, würde ich vermuten, daß es drei Gruppen von Saboteuren gibt: einmal die Hacker, dann die Firmen, die Software produzieren, und schließlich die Vertreiber von Antiviren. Fest steht jedenfalls, daß bei der Angelegenheit riesige Summen auf dem Spiel stehen. Doch beleuchten wir die Fakten:

1. Die Hacker, das heißt die Zerstörer der Informatik, sind Besessene, die ihren Spaß daran haben, die Computer anderer Leute zu sabotieren. Sie sind die Pyromanen der Postmoderne. Wahrscheinlich kennen sie sich untereinander, treffen sich an geheimen unterirdischen Orten in den großen Metropolen und tauschen sich darüber aus, welche neuen Viren sie gerade in Umlauf gebracht haben. Um solche Viren zu bekämpfen, verfügt jeder anständige Computer über ein Antiviren-Programm, das alle Informationen, die von außen kommen, kontrolliert. Dadurch lassen sich die Hacker jedoch nicht abschrecken; sie studieren die Antiviren-Programme und erfinden neue Viren, die noch verheerender als ihre Vorgänger sind.

2. Die Produktionsfirmen von Software haben ih-

rerseits ein Interesse daran zu verhindern, daß Benutzer Programme privat einfach kopieren, anstatt sie regulär im Laden zu kaufen. Und wie wäre das zu verhindern? Ganz einfach, indem man ein potentes Virus in Umlauf bringt, das beiden Computern, dem mit dem Originalprogramm und dem mit der Kopie, nach drei Kopiervorgängen den Garaus macht. Doch seien wir ehrlich: Sollte es sich tatsächlich so verhalten, könnte man durchaus von Notwehr sprechen.

3. Die Vertreiber von Antiviren-Programmen dürften allerdings die Hauptschuldigen sein. Ich erinnere mich, daß eines Morgens im Stadtteil Vomero in Neapel, wo ich damals wohnte, bei fast allen geparkten Autos die Reifen zerschnitten waren. Offensichtlich hatte ein Serienkiller im Dunkel der Nacht zugeschlagen. Doch dann fand man heraus, daß keineswegs ein Serienkiller der Übeltäter war, sondern der einzige Reifenflicker in der Gegend. Selbstverständlich will ich damit nicht alle Antiviren-Produzenten der Welt beschuldigen, doch einige von ihnen habe ich, wie ich gestehen muß, schon in Verdacht. Da wir gerade von Verdacht reden... Wer weiß, vielleicht haben die Techniker, die den Computer bei mir zu Hause reparierten, das Virus «Freitag der 17.» zwar entschärft, dafür aber ein anderes, viel gefährlicheres Virus eingepflanzt, das wie eine Zeitbombe in meinem Computer tickt und, nur Gott weiß wann, hochgehen wird.

XI

Ordnung und Unordnung
in der Kunst

Nehmen wir die Adjektive «gut» und «schlecht», «schön» und «häßlich», «einfach» und «kompliziert», «richtig» und «falsch» und überlegen mal, zu welcher Seite sie gehören, zur Ordnung oder zur Unordnung. Spontan würde man «gut», «schön», «einfach» und «richtig» zur Ordnung rechnen. Doch wenn man etwas genauer überlegt, stellen sich Zweifel ein. Verhält es sich tatsächlich so, daß in der Kunst das Schöne mit Ordnung zusammenfällt und das Häßliche mit Unordnung?

Zu Platons Zeiten waren das Schöne und die Ordnung ein und dasselbe. Das Schöne spazierte im Freien auf und ab und warf seinen Schatten auf die hintere Wand einer Höhle. In dieser Höhle war ein Mann mit dem Gesicht zur Wand auf eine Weise angekettet, daß er nie den Kopf drehen konnte. Und so dachte er, der Schatten an der Wand sei die Realität, und er hielt sie für mehr oder weniger schön, je nachdem wie nahe sie einer nicht näher festgelegten Idealvorstellung kam. Vielleicht könnten *wir* versuchen, diese Idealvorstellung näher zu beschreiben. Gleicht das Idealbild einer Frau zum Beispiel eher der

Madonna del Cardellino von Raffael oder der *Mond-frau* von Pollock? Ist sie mager und abgehärmt im Stile Modiglianis oder pummelig wie bei Botero? In der traditionellen Sichtweise bedeutete Schönheit, daß bestimmte Proportionen eingehalten werden, also zum Beispiel beim menschlichen Gesicht die Formen von Nase, Mund und Kinn in einem harmonischen Verhältnis zueinander stehen. Und diese Sichtweise hatte sehr lange Geltung, zumindest bis einschließlich des Neuplatonismus. Ein Blick auf die Statuen der klassischen Epoche bestätigt das.

Doch dann tauchte ein Störenfried auf: die Langeweile. Man entdeckte, daß das Schöne auf Dauer ermüdet und das Häßliche, eben weil es etwas Überraschendes hat, manchmal besser gefällt als das Schöne. Ich zum Beispiel bin in meinem Leben unzähligen Hobbys nachgegangen. Heute habe ich keines mehr: Vom Briefmarkensammeln zur Modelleisenbahn, von der Fotografie zum Sportwagen, von der Stereoanlage zum Motorboot hatte ich von allem irgendwann einmal genug. Heute würde ich nie mehr in ein Motorboot steigen, auch wenn die Göttin Aphrodite persönlich mich zu einer Spritztour einladen würde. Und so ähnlich muß es auch den Künstlern gegangen sein: Teils wegen der vielen harmonischen Meisterwerke, die in Umlauf waren, teils auch bedingt durch die Erfindung der Fotografie, spürten sie das Bedürfnis, sich auf disharmonische Weise auszudrücken, und Disharmonie entspringt, wie man weiß, der Unordnung. Daher der Syllogismus:

Neu gleich Unordnung.
Neu gleich schön.
Schön gleich Unordnung.

Gibt es vielleicht eine Ästhetik des Häßlichen? Wenn man etwas genauer nachdenkt, ist die Frage gar nicht mehr so abwegig, wie es zunächst scheint. Aristoteles fragt sich in seiner *Poetik*, warum uns manchmal, besonders in der Kunst, das anzieht, was uns normalerweise abstößt. Eine mögliche Antwort wäre: «Dem Menschen gefällt das Ungewöhnliche.» Und damit kämen wir wieder auf das «Vorhersehbare» und das «Unvorhersehbare» und schließlich auf Ordnung und Unordnung zurück.

In der Bildhauerei verkörpert eine griechische Statue das Idealbild des Schönen. Die Reinheit des Marmors, das faszinierende Weiß, die pupillenlosen Augen, die ins Leere blicken, ergreifen uns und lassen uns von «klassischer Perfektion» sprechen. Dabei waren diese Statuen ursprünglich keineswegs so schneeweiß, wie sie uns heute erscheinen, und ihre Augen waren alle bemalt, vielleicht blau oder auch grün, und zwar, damit sie dem Publikum, wie man heute sagen würde, besser gefielen. Das unbefleckte Weiß ist nichts anderes als ein Geschenk der Zeit, und wenn dieses Weiß uns heute so gefällt, dann nur, weil wir es schon, wie jedes vernünftige Idealbild, «in» uns hatten. Genauso verhält es sich mit den griechischen Tempeln: Nur Gott weiß, wie viele Festons und Dekorierungen zur Zeit des Perikles farbig angemalt wurden, nur um sie dem Geschmack der Massen anzupassen.

Als kunstgeschichtlicher Laie dachte ich immer, in der Antike hätten die Künstler die Natur so gemalt, wie sie war, und daß sie erst von der Mitte des 19. Jahrhunderts an, mit dem Aufkommen des Impressionismus, begonnen hätten, von der reinen Abbildung abzukommen, um schließlich schon einen angesengten Sack oder eine weiße Leinwand mit einem Riß in der Mitte «Gemälde» zu nennen. Nun haben mich jedoch befreundete Kunstkritiker, Männer der Unordnung übrigens, und zwar Achille Bonito Oliva und Vittorio Sgarbi, darüber belehrt, daß es den Konflikt zwischen Realismus und Abstraktion schon immer gab, sogar in prähistorischen Zeiten. So seien Höhlenzeichnungen aus der Altsteinzeit mit sehr realistischen Jagdszenen gefunden worden, daneben aber auch andere aus derselben Epoche, auf denen sowohl die Beute als auch die Jäger kaum zu erkennen waren.

Angesichts eines so fachkundigen Urteils fand ich zunächst nicht den Mut, etwas einzuwenden. Dann wagte ich jedoch ganz schüchtern die Vermutung, daß die realistischen Zeichnungen vielleicht von Höhlenbewohnern stammten, die gut zeichnen konnten, die anderen hingegen von solchen, die einfach nicht so talentiert waren. Hätte ich das nur nicht gesagt: Die Experten hielten mir sogleich die Reproduktionen zweier antiker, sehr ähnlicher Münzen unter die Nase, auf denen das Profil Apollons und auf der Rückseite ein Zweigespann dargestellt waren. Die eine stammte aus dem Reich Philipps von Mazedonien, die andere von einem keltischen Stamm, an dessen Namen ich mich jetzt nicht erinnere. Die Themen waren dieselben, doch die Art der Darstellung wich stark voneinander ab: Auf Philipps Münze waren sowohl Apollon als auch das Zweigespann realistisch dargestellt, auf der keltischen Münze hingegen mehr als abstrakt.

Dazu ein weiteres Beispiel: In London wurde eines Tages vor dem Eingang einer Galerie ein Plakat angebracht, auf dem «Schimpansenzeichnungen» stand. Wir können uns die Überraschung der Besucher vorstellen, als ihnen klar wurde, daß es sich nicht um Darstellungen von Schimpansen handelte, sondern um Bilder, die Schimpansen selbst gemalt hatten. Auch in diesem Fall sprachen die einen von instinktiver Kunst, die anderen von Krakelei. Drückt einem Schimpansen einen Pinsel in die Hand, und innerhalb von fünf Minuten habt ihr ein abstraktes Gemälde, das vielleicht sogar noch eindrucksvoller ist als ein Kandinsky. An diesem Punkt fragt man sich jedoch unwillkürlich: Wo endet der Instinkt und wo beginnt der Zufall?

Wahrscheinlich müßte man zunächst über den Begriff «Kunst» Einigung erzielen. Ich bin immer noch der Meinung (die übrigens auch meine Mutter vertrat), daß ein Gemälde dann schön ist, wenn es etwas mitteilt, und häßlich, wenn «man es nicht versteht».

«Da will man direkt zubeißen!» rief meine Mutter aus, als sie die gefüllte Obstschale betrachtete, die der gute Giovan Battista Ruopolo, ein neapolitanischer, auf Stilleben spezialisierter Maler aus dem 17. Jahrhundert, gemalt hatte. Und ich erinnere mich an das Gesicht meines Vaters, als unser Vermieter, ein Kunsthändler mit einer noblen Galerie an der Piazza dei Martiri, ihm die Reproduktion eines Gemäldes des russischen abstrakten Malers Kasimir Malewitsch zeigte. Dargestellt war ein kleines schwarzes Quadrat auf vollkommen weißem Hintergrund. Mein Vater sagte nichts, vielleicht auch, weil der Laden voller Kunden war. Einen Moment lang mag er vielleicht versucht gewesen sein, auf seine Art, das heißt mit einem einzigen Wort, all das, was er über das Gemälde und den Künstler dachte, zum Ausdruck zu bringen. Doch Gott sei Dank konnte er sich beherrschen. Wahrscheinlich war er zu dem Schluß gekommen, daß es ein abstrakter Maler, von dem er noch nicht einmal den Namen kannte, nicht wert war, sich mit dem Vermieter anzulegen. Und so beließ er es bei einem neutralen «Ah». Wir jedoch, die wir ihn besser kannten, verstanden nur zu gut, was er hatte sagen wollen.

Es ist ja tatsächlich so, daß uns abstrakte Kunstwerke immer etwas ratlos machen. «Ist der tatsächlich ein guter Maler, oder will er uns für dumm verkaufen?» fragt sich der Laie, und die Frage erscheint nur allzuoft berechtigt. Im vorigen Jahrhundert hatte der Psychiater Benedict August Morel in seiner *Abhandlung über die physische und moralische Degeneration der menschlichen Rasse* jede Art von Abstraktion in der Kunst verurteilt. Und im Jahr darauf behauptete der Arzt und Schriftsteller Max Nordau, die Impressionisten müßten eine Störung an der Netzhaut haben, die ihren Blick trübe. Die Künstler der Unordnung ließen sich davon jedoch nicht beeindrucken und malten ungerührt ihre Bilder so weiter, wie sie es immer gemacht hatten, das heißt, indem sie sich mehr an ihrer inneren Welt als an der äußeren orientierten.

Um es kurz zu machen, in der Welt der Kunst läßt sich nur schwer ein Geburtsdatum der Unordnung festlegen. Eine der ersten Kritiken am Realismus finden wir bei keinem geringeren als Platon in seiner *Politeia*. Platon vertritt darin die Ansicht, daß die

Maler nichts anderes täten, als Abbilder abzubilden – also die Schatten, welche die Ideen auf die hintere Höhlenwand werfen.

«Da schon ihr Handwerk darin besteht, etwas abzubilden», sagt der Philosoph, «warum bilden sie nicht die Ideen direkt ab, so wie sie vom Verstand erzeugt werden?»

Und dann fügt er hinzu: «Es kann manchmal vorkommen, daß Maler mit schwächeren Augen etwas früher sehen als solche mit schärferen.»*

Platons Beobachtung weist uns darauf hin, daß häufig durch eine Störung der Sinnesorgane, eben weil die sinnliche Wahrnehmung behindert ist, die Phantasie besser zur Entfaltung kommt. Das gilt zum Beispiel für die blinden Sänger Ray Charles und Stevie Wonder oder für einen so genialen Musiker wie Beethoven, der sogar taub war, als er die *Neunte Sinfonie* komponierte.

Vielleicht bringt es uns weiter, wenn wir Unordnung nicht mehr als Gegensatz von Ordnung ansehen, sondern als deren Übertreibung. Mit anderen Worten: Die Ordnung befände sich dann genau auf halbem Weg zwischen einem naiven Realismus und der anspruchsvollsten abstrakten Kunst. Die Unordnung ihrerseits wäre dann eher auf den Flügeln als im Zentrum zu finden. Um mir nicht wieder den Unwil-

* Platon: *Politeia*. Zehntes Buch, 596a.

len der sogenannten Experten zuzuziehen, verzichte ich hier lieber darauf, diese These mit den Namen berühmter Künstler zu belegen.

Vor einigen Tagen betrachtete ich in der Kirche Sant' Agostino in Rom die *Pilger-Madonna* von Caravaggio. Die nackten Füße des ersten Pilgers waren dermaßen dreckig, daß mir sogleich klar wurde, warum der Prior von San Luigi dei Francesi das Bild seinerzeit nicht haben wollte: Es erschien ihm sicher wenig passend für eine so saubere Kirche wie die seine. Auffallend auch das Licht: dramatisch, stets über die Schmerzgrenze hinausgehend. Oder nehmen wir das Bild *Martyrium des Petrus* in der Kirche Santa Maria del Popolo in Rom oder die *Sieben Werke der Barmherzigkeit* in der Kirche Pio Monte in Neapel: Schon beim ersten Blick drängt sich der Gedanke auf, daß Caravaggio, wenn er heute lebte, mit Sicherheit ein aussichtsreicher Kandidat für einen Oscar in Hollywood für die beste Fotografie wäre. Hier stellt sich die Frage: Ist das noch Realismus oder schon psychedelische Kunst, wenn wie bei Caravaggio durch eine extreme Kontrastierung von Licht und Schatten die «Wahrheit» dermaßen überzeichnet wird?

Schauen wir uns den Menschen Caravaggio etwas näher an, wird schon einiges klarer. Ja, eigentlich legen sich sofort alle Zweifel, sobald wir einen Blick auf sein Privatleben werfen. Michelangelo Merisi, nach seinem Geburtsort Caravaggio genannt, war als Mensch ohne Einschränkungen der «Unordentlichste» unter allen «unordentlichen» Künstlern der Welt. Hier nun eine kurze Auflistung seiner Unternehmungen:

— 1590 sitzt er wegen einer Schlägerei ein Jahr in Mailand im Gefängnis.
— Am 11. August 1593 steht er zusammen mit zwei Freunden wegen Beleidigung einer gewissen Leonora Palelli vor Gericht.
— Am 19. November 1600 kommt er ins Gefängnis, weil er den Maler Giovanni Baglione verleumdet hat.
— Am 24. April 1604 wirft er einer Kellnerin einen Teller Artischocken ins Gesicht und wird vor Gericht gestellt.
— Im Oktober 1604 muß er wieder für zwei Monate wegen einer Schlägerei mit Sachbeschädigung und Körperverletzung ins Gefängnis.
— Am 28. Mai 1605 wird er wegen illegalen Waffenbesitzes festgenommen.
— Am 23. Juli 1605 verprügelt er zunächst «die schöne Lena», eines seiner Modelle, und bald darauf den Notar Mariano Pasqualone, der ihn im Auftrag des Gerichts von dem Verbot in Kenntnis setzen sollte, sie weiter zu besuchen.

- Am 28. Mai 1606 tötet er im Duell einen gewissen Ranuccio Tomassoni. Unklar ist, ob es da um nicht beglichene Spielschulden oder um die Reize der Prostituierten Fillide Melandroni ging. Er flieht aus Rom und wird in Abwesenheit zum Tode verurteilt.
- Am 12. Juli kommt er nach Malta, wo er wegen Beleidigung eines Ordensritters ins Gefängnis geworfen wird.
- Am 6. Oktober entkommt er aus dem Gefängnis und flieht nach Sizilien. Hier verletzt er einen Schulmeister schwer, der ihn daran hindern wollte, Schüler als Modelle anzustellen.
- In Neapel wird er selbst, vielleicht zum erstenmal, Opfer eines Angriffs, und zwar vor der Albergo Cerriglio. Trotzdem wird er von den Spaniern festgenommen.

Kurz und gut, ein Leben im Zeichen größter Unordnung bis zum frühen Tod mit siebenunddreißig Jahren, allein und verlassen am Strand von Porto Ercole, am 18. Juli 1610. Manche behaupten, er sei von lichtscheuem Gesindel, das ihn ausrauben wollte, ermordet worden. Andere meinen, er sei an den in Neapel erlittenen Verletzungen gestorben.

XII

Ordnung und Unordnung im Film

Es gibt Regisseure der Ordnung und solche der Unordnung, Filme der Ordnung und Filme der Unordnung und sogar «unordentliche» Regisseure, die «ordentliche» Filme gemacht haben. Einer davon ist Federico Fellini. Dazu zwei Beispiele: *Orchesterprobe* und *Amarcord.*

Dem Film *Orchesterprobe* hätte man auch den Titel *Invektive gegen die Unordnung* oder, was auf dasselbe hinausgelaufen wäre, *Apologie der Ordnung* geben können. In der ersten Szene werden einige Orchestermusiker von Reportern eines nicht näher bestimmten Fernsehsenders interviewt. Und sofort wird deutlich, daß jeder dieser Musiker ganz ehrlich von sich glaubt, das wichtigste Instrument im Orchester zu spielen: der erste Geiger, weil er eben die erste Geige spielt; der Pianist, weil ein Orchester ohne Flügel kein Orchester wäre; der Oboist, weil die Oboe das älteste aller Instrumente ist, und so weiter bis zu Harfe und Fagott, ohne die, nach Aussage der jeweiligen Spieler, die klassische Musik undenkbar wäre. Dann irgendwann tritt völlig unerwartet die Gewerkschaft auf den Plan: «Achtung, meine Herren Musiker: Mehr als zwei Proben hintereinander sind unzulässig.

Eine dritte Probe ist nur nach einer zwanzigminütigen Pause gestattet.»

Zum Problem mit der Gewerkschaft gesellt sich die mangelhafte Professionalität der Orchestermusiker. Schon bei den ersten Klängen merkt man, daß da irgend etwas nicht stimmt: Die Instrumente klingen nicht zusammen, und immer wieder verpaßt ein Musiker den Einsatz.

Der Dirigent, anscheinend ein Deutscher, flucht:

«Bitte, meine Herren. Was ist los? Gestritten heute? Oder warum spielt hier jeder, wie es ihm gefällt. Konzentration, bitte! Sie sind hier doch nicht auf dem Marktplatz!»

Das Orchester legt wieder los, doch der Dirigent wird immer unzufriedener und schreit herum, während die Musiker weiter so spielen, wie es ihnen in den Kram paßt. Dann schalten sich die Gewerkschaftsfunktionäre wieder ein und schicken alle in die Pause. Heftige Proteste des Dirigenten.

«Hätte es bei Wagner schon Gewerkschaften gegeben, hätte er keine einzige Oper geschrieben. Verstanden?»

Während der Pause tritt ein alter Kopist vor, der unbedingt seine Meinung kundtun will: «Das waren noch Zeiten früher. Alle Orchestermitglieder trugen Anzug und Krawatte, auch während der Proben. Und dann gab es folgenden Brauch: Wer falsch spielte oder den Einsatz verpaßte, mußte bis zum Ende des Konzerts stehend weiterspielen. Pausen? Gewerkschaften? Daß ich nicht lache! Was für Pausen? Was für Gewerkschaften? Manchmal wurde die ganze Nacht über geprobt, und zum Schluß wurde dem Dirigenten applaudiert, auch wenn er kurz zuvor noch einem Musiker seinen Stab über die Finger gezogen hatte. Ja, wissen Sie was? Die Musiker freuten sich sogar, wenn sie den Dirigentenstab auf den Fingern spüren durften.»

Die Pause ist zu Ende. Der Dirigent möchte wieder mit der Probe beginnen, doch das Orchester rebelliert heftig gegen ihn. Nicht zufällig ist der Film auf das Jahr 1969 datiert. Im Konzertsaal regiert die absolute Anarchie. Erster und zweiter Geiger traktieren sich mit Ohrfeigen. Die Pianistin, eine schöne Schwarzhaarige, nutzt das allgemeine Chaos, um unter dem Flügel mit einem Cellisten zu knutschen. Einige Musiker schmieren obszöne Sprüche an die Wände. Andere brüllen Protestslogans im Stil der Achtundsechziger-Revolte:

Dirigent, Dirigent,
wir wollen dich nicht mehr sehen,
wenn du weiter dirigieren willst,
werden wir dir den Kopf nach unten drehen.
Dirigent, Dirigent,
wir wollen dich nicht mehr sehen,
wenn du weiter dirigieren willst,
werden wir dir den Kopf nach unten drehen.

Und dann, immer noch lauter werdend:

> Orchester, Terror,
> Tod dem Dirigenten.
> Orchester, Terror,
> Tod dem Dirigenten.

Einer schlägt vor, den Dirigenten durch ein Metronom zu ersetzen. Gesagt, getan. Ein überdimensionaler Taktmesser wird in den Saal getragen, doch bevor die Männer ihn auf der Bühne richtig aufgestellt haben, läßt ein Erdstoß sie innehalten. Ein tiefer Riß durchzieht die Wand. Sie stürzt ein, und dahinter erscheint ein gigantischer Steinhammer. Alle schweigen bestürzt. Der Dirigent erklimmt wieder das Podium, nimmt seinen Stab zur Hand und schreit:

«Und jetzt alle an ihre Instrumente. Die Musik wird uns retten. Klammern Sie sich an die Musik, wie meine Hände sie Ihnen vorgeben.»

Und inmitten der Trümmer beginnen die Musiker wieder zu spielen.

Sehr viel poetischer behandelt der Film *Amarcord* das gleiche Thema.

Wir sind in der Romagna. Es ist Sonntag. Die Familie Fellini fährt zu Onkel Teo, der in einem Irrenhaus untergebracht ist, um ihn zum Essen in eine Trattoria außerhalb der Stadt auszuführen.

«Wie geht's ihm?» fragt Federicos Vater einen Krankenpfleger.

«Gut, gut», antwortet der in freundlichem Ton.

Daß es dem Onkel nicht besonders gutgeht, wird jedoch schon sehr bald klar: Als er von der Kalesche absteigt, um seine Notdurft zu verrichten, vergißt er, die Hose aufzuknöpfen, und pinkelt sich voll. Damit nicht zufrieden, nutzt er sofort nach dem Essen einen unbeobachteten Moment, um auf einen Baum zu klettern, wo er wie ein Besessener zu schreien anfängt:

«Ich will eine Frau... ich will eine Frau...»

Die Situation wirkt dramatisch und gleichzeitig auch äußerst komisch. (An dieser Stelle gebührt Nietzsche eine dankende Erwähnung, der betont hat, daß nur aus der Verbindung von Tragik und Komik das Erhabene entsteht.)

Fellinis Vater bekommt einen Wutanfall und beginnt auf alles mögliche zu fluchen: in erster Linie auf den Allmächtigen, weil sein Bruder den Verstand verloren hat, dann auf die Familie, die den Onkel aus den Augen ließ, und schließlich auf die Leute im Irrenhaus, die ihn kurz zuvor noch wegen Teos Zustand beruhigt haben. Vergeblich versucht jemand, auf den Baum zu steigen: Sofort wird er mit Wurfgeschossen empfangen. Offensichtlich hat sich der Bruder, bevor er hochkletterte, die Taschen ausreichend mit Steinen gefüllt.

«Ich will eine Frau ... ich will eine Frau ...»

Die Schreie des Onkels werden immer herzzerreißender, immer beängstigender in seiner ehrlichen Not. Es ist die Unordnung des Menschen, die gegen geordnete, aber unmenschliche Lebensbedingungen, wie die im Irrenhaus, rebelliert.

Die Anstalt wird benachrichtigt, und nach einiger Zeit trifft ein Krankenwagen mit einem Arzt und zwei Pflegern ein. Auch eine Ordensschwester entsteigt dem Auto: Sie ist eine Zwergin. Wieder zeigt sich das Komische in Gesellschaft des Tragischen. Die Zwergin stellt eine Leiter an den Baumstamm, klettert hoch und befiehlt Teo in romagnolischem Dialekt: «Komm sofort da runter!»

Und der Onkel gehorcht. Die Ordnung ist zurück, und die Unordnung muß sich fügen.

«Was soll man machen», sagt der Arzt mit einem Seufzer der Erleichterung zu den Angehörigen, indem er seine Arme ausbreitet. «An manchen Tagen ist er ganz normal, an anderen eben nicht. Wie wir alle doch eigentlich.»

Der erste «unordentliche» Film, den ich in meinem Leben gesehen habe, war *Hellzapoppin* von Henry Potter. Kurz nach Ende des Krieges kamen einige «seltsame» Filme aus Amerika zu uns rüber: darunter *Sun Valley Serenade* mit dem Boogie-Woogie von Glenn Miller und *Hellzapoppin*, ein Film ohne Hand

145

und Fuß mit Hunderten von Gags, einer absurder als der andere. Ich weiß noch, daß ich ihn mir dreimal hintereinander im «Cinema Olimpia» zusammen mit meinen besten Freunden angesehen habe. Wir Jugendlichen der vierziger Jahre waren richtig wild auf *Hellzapoppin*. Und je mehr unsere Eltern, allein schon wenn sie den Namen hörten, das Gesicht verzogen, desto stolzer brüsteten wir uns damit, den Film gesehen zu haben.

In der ersten Szene sieht man einen Filmvorführer, der in seiner Kabine mit einer schwergewichtigen Frau herumpoussiert und deswegen einige Filmrollen durcheinanderbringt, was zur Folge hat, daß plötzlich zwei verschiedene Filme gleichzeitig laufen. So erscheint zum Beispiel ein Indianer aus dem ersten Film, der die Protagonisten des zweiten fragt, wohin die anderen Rothäute geflohen sind. Dann sieht man, auch zum erstenmal in der Filmgeschichte, einige Standbilder, längere Sequenzen, die rückwärts laufen, und sogar Einstellungen, bei denen die Bilder auf dem Kopf stehen und die Schauspieler mit dem Kopf nach unten sprechen. Die Protagonisten der Filme beginnen jetzt zu protestieren und drohen, nach Hause zu gehen, wenn nicht bald wieder Ordnung einkehrt.

«So was Verrücktes!» ruft der Vorführer aus. «Seit fünfzehn Jahren mache ich diese Arbeit, aber solch ein Film ist mir noch nicht untergekommen.»

146

In *Hellzapoppin* finden sich auch die ersten Beispiele für absurde *running gags*: Alle zehn Minuten taucht eine Frau auf, die einen gewissen Oscar sucht, ohne ihn je zu finden. Und ein Mann mit einer Pflanze unter dem Arm läuft ständig durchs Bild.

«Mrs. Jones!» ruft der Mann, «Mrs. Jones . . .»

Doch niemand antwortet. Und jedesmal wird die Pflanze größer, bis sie schließlich zu einem Baum geworden ist.

Ordnung und Unordnung ist auch das Leitthema des Films *Der blaue Engel*, den Josef von Sternberg 1930 nach dem Roman *Professor Unrat* von Heinrich Mann drehte.

Wir befinden uns in einer norddeutschen Stadt am Meer. Ein älterer Literaturprofessor am Städtischen Gymnasium folgt eines Abends einigen seiner Schüler und findet sich in einem verruchten Lokal wieder, das «Der Blaue Engel» heißt. Hier lernt er die junge Lola, eine sehr verführerische Animierdame (Marlene Dietrich), kennen, eine Begegnung, die das Leben des armen Professors von Grund auf erschüttert. Wahrscheinlich hat er auf seine alten Tage seinen Sexualtrieb entdeckt und kann jetzt nicht mehr ohne leben. Von diesem Punkt an ist sein Niedergang nicht mehr aufzuhalten: Zunächst verliert er seine Anstellung am Gymnasium, dann wird er Handlanger der schönen Lola bei ihren Auftritten, dann ein Clown und schließlich der Assistent eines Taschenspielers, der faule Eier auf seinem Kopf aufschlägt. Und dazu muß der arme Professor bei jedem Ei, das ihn trifft, zur Freude des Publikums «Kikeriki!» schreien.

Am Schluß erwischt Professor Unrat «seine» Lola, wie sie mit einem anderen Mann flirtet. Er versucht, sie zu erwürgen, flieht dann aber wie ein Wahnsinniger zu seiner Schule. Hier eingetroffen, bricht er mit einem Herzanfall zusammen, während er seinen Katheder umklammert, von dem aus er noch wenige Monate zuvor seinen Unterricht gehalten hatte.

Von dem Film *Der Blaue Engel* sind mir viele Bilder in Erinnerung geblieben. Ganz besonders:

— Das traurige Gesicht eines Clowns, der nie spricht, jedoch mit seiner Mimik sein ganzes Mitgefühl für den armen Professor zum Ausdruck bringt.

— Marlene Dietrich, die mit übereinandergeschlagenen Beinen auf einem Stuhl sitzt, während sie ihr berühmtes «Ich bin von Kopf bis Fuß auf Liebe eingestellt» singt.

— Eine Gruppe Tänzerinnen, die seltsam gebeugt tanzen, so als trügen sie alle eine schwere Last auf dem Rücken. Warum, habe ich nie so recht verstanden. Vielleicht liebte man in Deutschland damals die Frauen in devoter Haltung.

XIII

Das Gute und das Böse

Jedesmal, wenn unsere Lehrerin aus irgendeinem
Grund fort mußte, beauftragte sie Manisco, an die
Tafel die «Guten» und die «Bösen» aufzuschreiben.
Und für Manisco war es immer wieder ein Fest:
Langsam erhob er sich aus seiner Bank, nahm mit
einem sardonischen Lächeln ein Stück Kreide zur
Hand und begann, der Reihe nach jedem einzelnen
von uns streng in die Augen zu blicken. Es war nur zu
offensichtlich, daß es ihm ein sadistisches Vergnügen
bereitete, uns so mit angehaltenem Atem vor sich zu
sehen. Schweigend, mit hinter dem Rücken ver-
schränkten Armen, mußten wir dasitzen, manchmal
bis zu einer Stunde lang.

Das war die sogenannte *Mani-in-quarta*-Haltung,
ein Ausdruck, der heute in den Schulen gar nicht
mehr gebräuchlich ist. Zu meiner Zeit bedeutete er,
unbeweglich wie eine Statue, die Hände hinter dem
Rücken, in vollkommener Stille zu verharren. Einmal
schlug ich Manisco vor, an der Tafel auch eine Liste
mit den «così così», den Mittelmäßigen, zu führen,
woraufhin er meinen Namen sofort doppelt unter-
strich. Das sollte heißen, daß ich der Schlimmste der
ganzen Klasse war.

Wenn ich heute daran zurückdenke, amüsiert es mich am meisten, daß der Nachname Manisco ausgerechnet mit «Mani» beginnt. Doch wer war Mani? Mani war ein persischer Prediger, wahrscheinlich adliger Herkunft, der vor eintausendsiebenhundert Jahren die Welt in zwei feindliche Lager spaltete: in Gut und Böse. Und genau wie Manisco duldete auch er kein «così così». Alles, was ihm unterkam, ein Mann, eine Frau oder eine Idee, schlug er sofort dem Guten oder dem Bösen zu. *Tertium non datur.*

Die religiöse Bewegung, die daraus folgte, «Manichäismus» genannt, war äußerst erfolgreich. Entstanden in Mesopotamien, verbreitete sich die Lehre rasch in Asien, Afrika und im Vorderen Orient. Natürlich gingen die lokalen religiösen Gemeinschaften bald zum Gegenangriff über und versuchten, der neuen Religion das Leben so schwer wie möglich zu machen. Verfolgungen ohne Ende, öffentliche Auspeitschungen und sogar Todesurteile waren die Folge.

Mani selbst starb in Ketten, nachdem man ihn sechsundzwanzig Tage lang gefoltert hatte.

Ich kann mich irren, aber was die alten religiösen Hierarchien wahrscheinlich am meisten auf die Palme brachte, war, daß die Manichäer Gott und Teufel auf die gleiche Stufe stellten. Wenn auch den einen auf die Seite des Guten und den anderen auf die des Bösen.

Das Gute bestand für die Manichäer aus reinem Geist, und daher war es selbstverständlich, daß es zum Himmel aufstieg. Das Böse hingegen, aus gemeiner Materie bestehend, mußte unweigerlich in die Tiefe stürzen. Gott wurde je nach Region als «Herrscher des Lichtreichs», «Vater der Größe» oder «Gott der Wahrheit» bezeichnet. Sein direkter Gegenspieler war der Satan, auch «König der Finsternis» genannt. Die Besatzung der feindlichen Lager bestand aber nicht nur aus den zwei Bossen: Es gab eine lange Hierarchie von Stellvertretern und Unterstellvertretern (Heilige und Erzengel auf der einen, Teufel und Teufelinnen auf der anderen Seite). Nur um einen Eindruck zu gewinnen, hier ein Ausschnitt aus der *Kephalaia*, dem von Mani selbst verfaßten heiligen Buch:

Der Körper des Königs der Finsternis hat fünf Teile, entsprechen den fünf Kreaturen, die in den fünf Welten des Schattenreichs leben. Der Kopf hat die Form eines Löwen, den das Feuer zeugte. Die Schultern jene eines Adlers, den der Wind mit sich trug. Die Füße sind obszöne, vom Rauch geschaffene Auswüchse, die Hände zwei Glieder, die aus dem Wasser hervortraten, und der Leib streift ruhelos durch die Welt der Finsternis.

Dagegen wurde der König des Lichtreichs mit der Sonne gleichgesetzt. Er herrschte über fünf «Licht-Wohnungen», als da wären:

1. die Vernunft
2. die Erkenntnis
3. das Denken
4. die Erwägung
5. die Gesinnung

(Auffallend ist die fast zwanghafte Wiederholung der Zahl Fünf.)

Für Mani gliederte sich die Geschichte des Universums in drei Phasen:

1. Den Urzustand, in dem Gut und Böse ohne Beziehung zueinander lange Zeit gelebt hatten.
2. Die Gegenwart, in dem beide im täglichen Streit miteinander leben.
3. Die Zukunft, in der sie wieder getrennt leben werden.

Diese Neigung, die Welt in zwei sich bekämpfende Sphären aufzuteilen, war eigentlich gar nicht so ungewöhnlich. Die Menschen der Antike hatten immer schon in bipolaren Begriffen gedacht: Eine Handlung konnte für sie nur richtig oder falsch sein, gut oder schlecht, doch niemals teils gut und teils schlecht. Selbst Jesus, dem doch Vergebung nicht fremd war, sagt in seiner Bergpredigt sehr streng dualistisch:

«Eure Rede aber sei: Ja, ja; nein, nein! Was darüber ist, das ist von Übel.»

Das Fegefeuer, also das Zwischenreich, wo kleinere Sünden abgebüßt werden können, wurde, was viele nicht wissen, erst im 12. Jahrhundert erfunden, nicht lange bevor Dante es mit seinem Bestseller berühmt machte. Die Geographie des Jenseits kannte nur zwei Richtungen, entweder den Kreis der Auserwählten in den elysischen Gefilden oder die Flammen des Hades.

Einmal erfunden, eröffnete das Fegefeuer der gesamten Menschheit ungeahnte Möglichkeiten. In meiner Heimat zum Beispiel bildete sich eine Art Gesellschaft zu gegenseitiger Hilfeleistung zwischen lebenden und toten Neapolitanern. Die Lebenden beten für die Toten, um ihre Wartezeit abzukürzen, und die Toten erscheinen den Lebenden im Traum und sagen ihnen die Lottozahlen voraus.

Wenn man sich die verschiedenen Religionen der Reihe nach ansieht, ist es ganz nützlich, die jeweiligen Formen des Jenseits miteinander zu vergleichen. So kann jeder die Religion mit dem entsprechenden Jenseits wählen, das ihm am meisten behagt. Michelin könnte sogar einen Jenseits-Führer herausgeben, mit Prämien, Strafpunkten und Qualitätssternen. Die Bandbreite reicht vom christlichen Paradies, wo die Frommen in Freuden leben, ohne jedoch jemals etwas Aufregendes zu erleben, bis zu dem der Moslems, wo jeder, der im Leben einen Ungläubigen getötet hat, mit zweiundsiebzig wunderschönen Mädchen ins Bett darf, den sogenannten Huri, Mädchen mit Brüsten so groß wie Hügel und eine Meile breiten Hintern, die in der Lage sind, Orgasmen von mindestens hundert Jahren Dauer zu verschaffen. Und auch bei den verschiedenen Höllen hat man die Qual der Wahl. In jener der Ägypter taucht man in einen See aus Feuer ein, während einem bei den Griechen zunächst die Haut abgezogen wird, bevor man dann bis in alle Ewigkeit auf glühenden Kohlen rösten darf.

Die Manie (übrigens, auch «Manie» beginnt mit «Mani-»), die Welt in Schwarz und Weiß aufzuteilen, ohne irgendwelche Grautöne zuzulassen, findet man nicht nur bei den Manichäern, sondern auch bei vielen philosophischen Strömungen und manchen Berufsgruppen. Für Informatikingenieure zum Beispiel ist, wie wir im Kapitel über Computer gesehen haben, «binäres» Denken kennzeichnend, ein Denken, das auf einer Reihe von Fragen basiert, auf die nur mit einem klaren Ja oder einem genauso unerschütterlichen Nein zu antworten ist. Sämtliche Computersoftware ist in «binärer Logik» geschrieben. Wir hingegen, die Befürworter des «così così», der Unsicherheit und des Zweifels, fühlen uns in solch einer Welt nicht ganz wohl.

Kehren wir nun jedoch zu unserem eigentlichen Thema zurück: zu Ordnung und Unordnung. Es ist deutlich geworden, daß man keine Parallele zwischen den Gegensatzpaaren Ordnung und Unordnung auf der einen sowie Gut und Böse auf der anderen Seite ziehen kann. So wäre es eine große Dummheit zu behaupten, Ordnung sei gut und Unordnung schlecht, denn je nach Situation ist eindeutig entweder das eine oder das andere Prinzip vorzuziehen. In einer Liebesgeschichte fasziniert uns die Unordnung, das heißt die Leidenschaft, die Phantasie und das Unerwartete. In einem Krankenhaus hingegen, in das wir vielleicht wegen einer banalen Blinddarmoperation eingeliefert wurden, verlangen wir größtmögliche Ordnung vom gesamten Personal, und besonders vom Chirurgen, damit er sein Skalpell nicht in unserem Bauch vergißt. Das gleiche erwarten wir vom Schrankenwärter an einem Bahnübergang, vom Piloten beim Landeanflug und vom Statiker, der die Betonpfeiler des Hauses berechnet hat, in dem wir wohnen.

Bleibt die Frage, woran man, vielleicht schon bei der ersten Begegnung, einen Menschen der Ordnung beziehungsweise der Unordnung erkennen kann. Für ersteren bietet sich der Test des schiefen Bildes an. Man lädt die betreffende Person zu sich nach Hause ein und bittet sie, vor einem Bild Platz zu nehmen, das ein klein wenig schief hängt. Dann braucht man nur noch zu warten. Ist unser Verdacht begründet, kann der Mensch der Ordnung höchstens fünf Minuten widerstehen. Dann wird er aufspringen und das Bild gerade hängen. Etwas komplizierter ist der Test für den Unordentlichen. Im allgemeinen hat man es hier mit einem Menschen zu tun, der die Langeweile haßt und alles, was sich wiederholt. Also erzählt man ihm eine Geschichte, die er schon einmal gehört hat. Ein Mensch der Ordnung würde aus Höflichkeit schweigend, vielleicht mit einem falschen Lächeln auf den Lippen, alles über sich ergehen lassen. Jemand aus den Reihen der Unordnung hingegen wird sofort lautstark protestieren und den Erzähler zur Aufgabe zwingen.

Während man sowohl Menschen der Ordnung als auch solchen der Unordnung durchaus aufgeschlossen begegnen kann, da man in beiden Lagern viele Personen antrifft, die Respekt verdient haben, sollte man im Umgang mit Manichäern Vorsicht walten lassen. In den meisten Fällen zeugt es nicht von großer Intelligenz, sich sofort eine feste Meinung über einen Mitmenschen zu bilden. Viel, viel besser ist es, Zweifel zuzulassen und das Urteil über eine Person in Erwartung weiterer Anhaltspunkte vorerst auszusetzen.

Der Zweifel ist eine kostbare, ja unverzichtbare Grundhaltung im Leben. Rein gefühlsmäßig würde man sagen, daß es für ein vernunftbestimmtes Individuum, also für einen Menschen der Ordnung, leichter ist, das eigene Urteil in Zweifel zu ziehen. Anderseits hat wohl aber jeder auch schon oft genug Menschen der Unordnung erlebt, die ihr Urteil über einen «Sünder» radikal ändern konnten, so daß sie also nicht von vornherein aus dem «Klub der Zweifler» auszuschließen sind. Darüber hinaus begünstigt auch Großherzigkeit, wie sie für Instinktmenschen typisch ist, die Vergebung und damit den Sinneswandel.

Manisco aber war gnadenlos: Ich war unter den Bösen eingereiht, und dieses Urteil war unwiderruflich.

XIV

Der Türklinkenverkäufer

Es wäre vielleicht eine Idee für ein Fernsehquiz: Es gilt, sich ein Arbeitszimmer genau anzusehen und dann den Beruf des Menschen zu erraten, der darin seine Arbeit tut. Ein unordentliches Zimmer würde auf einen Künstler schließen lassen, Ordnung auf einen Beamten, einen Ingenieur oder Briefmarkensammler. Außerdem wäre es auch aufschlußreich festzulegen, wann Unordnung auf Kreativität hinweist und wann auf Unzuverlässigkeit. So würde ich sicher nicht ruhig schlafen, wenn ich wüßte, daß das Arbeitszimmer des Regierungschefs mit einzelnen Papieren und Dokumenten übersät ist. Wie ich auch andererseits überrascht wäre zu hören, daß der Komiker Roberto Benigni in einem Haus wohnt, wo alles fein säuberlich an seinem Platz ist. Ich versuche mir die Arbeitszimmer von Paul Klee, Freud und Einstein vorzustellen und frage mich, welcher von den dreien wohl der größte Chaot gewesen sein mag. Vom Gefühl her würde ich sagen: erster Paul Klee, zweiter Einstein, dritter Freud.

Ich stelle mir zum Beispiel vor, wie sich der Maler, bevor er das Haus verläßt, an seine Hausangestellte wendet:

«Ich bitte Sie, Greta, werfen Sie nichts fort. Auch wenn Sie ein Blatt voller Kleckse finden, lassen Sie es einfach liegen.»

Und ich stelle mir weiter vor, daß Greta eine vollkommen andere Vorstellung von Ordnung und Unordnung hat.

«Der arme Mann», wird sie sich denken, «als Arbeitgeber ist ja wirklich nichts gegen ihn zu sagen. Nur diese infantile Besessenheit, alles beklecksen zu müssen. Aber noch viel verrückter sind ja die Leute, die ihm die beschmierten Blätter auch noch abkaufen!»

Kürzlich wurde in Amerika ein in der DNS verstecktes Gen entdeckt, das für den ordentlichen oder unordentlichen Charakter eines Menschen verantwortlich sein soll. Da wäre es wohl angebracht, wenn jeder, der sich auf das Abenteuer Ehe einlassen will, zuvor einen Blick in die Gen-Akte seines zukünftigen Partners werfen würde. Zumindest dann, wenn er nicht so wie Doktor Enzo Scaramella, ein von Natur aus unordentlicher Mensch, enden will, der ein gewisses Fräulein Rauscher, eine zwanghafte Ordnungsfanatikerin, ehelichte.

Die erste Warnung erhielt Enzo Scaramella am Tag der Hochzeit, als er die Eheringe zu Hause vergaß. Inge Rauscher bedachte ihn mit einem solch strafenden Blick, daß er für einige Sekunden alle

Vorwürfe spürte, die in Zukunft auf ihn einprasseln sollten. Strenggenommen hätte er damals ja noch auf die schicksalhafte Frage des Priesters mit «nein» antworten können, doch, so sehr er auch das Unvorhergesehene liebte, fehlte ihm dazu der Mut. Fräulein Rauschers Verärgerung war, seien wir ehrlich, schon zu verstehen: Wie kann ein Mensch nur bei der Trauung die Ringe vergessen? Gut, wenn jemand die Brieftasche zu Hause liegenläßt oder die Hausschlüssel; aber die Trauringe! Also wirklich! Das ist ja so, als würde er vergessen, daß er heiraten will!

Fast überflüssig zu erwähnen, daß Inge Rauscher Deutsche war, eine Deutsche, die in diesem ordnungsliebenden Volk mit ihrer Leidenschaft für Ordnung noch über dem Durchschnitt lag. Die Nationalsozialisten hätten ja in ihren Vernichtungslagern jene Effizienz des Grauens nie erreichen können, wenn ihnen nicht ein solch ordentliches, pflichtbewußtes Volk zur Verfügung gestanden hätte. Bei einem «unordentlichen» Volk stoßen auch Diktaturen an ihre Grenzen.

Scaramella kniete nun mit gesenktem Haupt auf den Stufen des Altars und spürte schon, wie Geier in Erwartung eines üppigen Mahls, unzählige Verbote über sich kreisen:

«Laß die Bücher nicht auf dem Bett liegen! Rauch nicht! Laß das Fenster auf, wir brauchen frische Luft! Laß das Fenster zu, sonst kommt Staub rein!

Laß den Schirm nicht aufs Parkett tropfen! Schmeiß den Mantel nicht aufs Sofa! Laß die Fernbedienung nicht überall rumliegen! Leg die Zeitung nicht auf den Sessel! Wozu haben wir den Korb für die Illustrierten im Wohnzimmer? Nein, die alten doch nicht! Die kommen in die Rumpelkammer. Und einmal im Monat wirfst du sie dann alle in die Mülltonne. Aber nicht in irgendeine; in die Papiertonne! Stell dein Glas nicht so auf den Tisch! Nimm einen Untersetzer! Sonst gibt's Ränder. Und wer soll die, deiner Meinung nach, wieder wegwischen? Ich, natürlich. Du machst ja keinen Finger krumm, um die Wohnung in Ordnung zu halten. Gut, das ist nicht deine Schuld: Deine Mutter hat dich nun mal wie einen Zigeuner großgezogen. Aber beschwer dich nicht, wenn es hier wie in einem Saustall aussieht. Ach, dir ist doch völlig egal, daß ich mich von morgens bis abends abschufte, um unsere Wohnung vorzeigbar zu halten.»

Für wen vorzeigbar, war nicht so leicht zu verstehen. Eben um nicht Gefahr zu laufen, daß etwas verschmutzt wurde, verbot sie ihm, seine Freunde einzuladen.

«Schöne Freunde sind das», lästerte sie. «Ich möchte wissen, ob sie sich zu Hause genauso benehmen wie bei uns. Weißt du, wo ich heute morgen eine Zigarrenkippe gefunden habe? Weißt du wo?»

Scaramella wußte es nicht und wollte es auch **gar**

nicht wissen. Er mußte jedoch mit «Wo?» antworten, sonst hätte sie ihn den ganzen Tag lang weitergefragt.

«In der Seifenschaaale!» rief Inge entrüstet aus, wobei sie das «a» endlos in die Länge zog. «Und weißt du, wer sie da reingeschmissen hat? Giancarlo, dein werter Schulfreund. Ich frage mich nur, wie ein Mann von fünfzig Jahren nicht merken kann, daß er mit seinen Zigarren ein ganzes Haus verpestet.»

«Aber du hast ihm doch selbst gesagt, er soll auf der Toilette rauchen!»

«Ja, aber nicht, daß er die Kippe in der Seifen-schaaale ausdrücken soll!»

Daß Inge ihre Schwiegermutter ins Spiel brachte, war wohl ein Zeichen dafür, daß sie spürte, wo die Wur-zeln seiner Zerstreutheit lagen. Scaramella war in einer Künstlerfamilie aufgewachsen: Sein Vater war ein ganz passabler Geiger und seine Mutter eine recht talentierte Bildhauerin. Und auch die Freunde der Familie waren nicht ganz alltäglich. Darunter war zum Beispiel ein gewisser Cianciripini, von Beruf Akrobat, der ganz exklusiv für den kleinen Enzo Kunststücke vorführte, um ihn zum Aufessen seines Breis zu bewegen. In einem Haus zu leben, in dem man vor dem Hinsetzen Notenblätter von Stühlen räumen mußte, war vielleicht angenehm für einen kleinen Jungen, sicher aber nicht für eine besessene Ordnungshüterin wie Inge Rauscher. Wenn Enzo

Scaramella an seine Mutter dachte, hatte er immer eine Frau mit gipsbeschmiertem Gesicht und Kleidern vor Augen, fast so, als wäre sie in der Erinnerung selbst immer mehr zu einer ihrer Statuen geworden. Kurz und gut, Enzo Scaramella war glücklich mit seinen Eltern. Um so größer war das Unglück, daß er als Kind noch beide Eltern verlor. Der Mangel an Zuwendung war dann wohl auch dafür verantwortlich, daß er das erste Individuum weiblichen Geschlechts, dem zu begegnen er das Pech hatte, gleich heiratete: Und das war Inge.

Sie machte eine Woche Urlaub in Neapel und ließ sich von ihm auf den Vesuv führen, und gleich danach nach Pompeji. «In Deutschland haben wir keine Vulkane!» sagte sie mit vorwurfsvoller Miene, so als sei es ein Zeichen größter Verwahrlosung, einen Vulkan in der Nähe der Stadt zu haben.

Unter allen Unannehmlichkeiten des Ehestandes waren die Filzpantoffeln für Enzo Scaramella die dramatischste. Nehmen wir zum Beispiel an, er hätte einen erotischen Traum gehabt. Was weiß ich, von einer nackten Blondine, die die Arme nach ihm ausstreckt und ruft: «Lauf, mein Geliebter, lauf. Ich kann's nicht mehr aushalten!» Und obwohl es nur ein Traum war, hätte er mit den Filzpantoffeln an den Füßen nicht zu ihr laufen können. Enzo Scaramella, neunundvierzig Jahre alt, mit einem Diplom in Betriebswirtschaftslehre, war nun verpflichtet, diese furchtbar häßlichen Überschuhe aus grauem Filz sofort anzuziehen, wenn er das Haus betrat. Und aus keinem Grund der Welt (eingeschlossen Feuersbrünste, Erdbeben und Überschwemmungen) durfte er sie ablegen, es sei denn, er hätte sich auf eine endlose Diskussion mit seiner lieben Gattin einlassen wollen. Die Filzpantoffeln brachten es mit sich, daß er wie Frankensteins Monster schlurfte. Das wirkte nicht nur lächerlich, sondern hatte auch seinen Gang von Grund auf verändert. Mittlerweile ging er auch, wenn er allein auf der Straße war, schlurfend wie ein Roboter.

Signora Inges Verbündeter war Doktor Salvini, sein direkter Vorgesetzter bei *Lloyd Security*, der Versicherungsgesellschaft, bei der er seit nunmehr fünfzehn Jahren seinen Dienst tat.

«Sehen Sie, Scaramella», sagte Salvini zu ihm, «Ordnung ist die Grundlage unserer Arbeit. Wie läßt sich beurteilen, ob ein Kunde, der einen Vertrag unterschreiben soll, vertrauenswürdig ist oder nicht? Indem man sich seine Vorgeschichte ansieht. Und wie soll man sich seine Vorgeschichte ansehen, ohne einen Computer in Reichweite und eine Kartei, die immer auf dem neuesten Stand ist? Ergo: Ordnung, Ordnung und nochmals Ordnung! Das muß unser Motto sein.»

Scaramella hatte hingegen eine vollkommen andere Vorstellung vom Umgang mit den Kunden: Er schaute ihnen in die Augen und wußte sofort, ob sie vertrauenswürdig waren oder nicht. Für ihn war das nur eine Frage der Intuition. So hatte er zum Beispiel festgestellt, daß es ihm um so mehr an Intuition mangelte, je aufgeräumter sein Schreibtisch war. Vielleicht eine Unverträglichkeit zwischen Ordnung und Gefühlen. Es war so, als hätte die Intuition einen Blick in sein Büro geworfen und dann gesagt: «Hier ist es zu aufgeräumt. Soll er sich halt mit der Vorgeschichte behelfen.»

Leider hatten einige Kollegen wenig Verständnis für Scaramellas Arbeitsweise. Da gab es zum Beispiel einen gewissen Ramazzini, der noch nicht lange bei der Firma war, ein Jüngling mit schwarzer Brille und einem typischen Verrätergesicht, der nichts weiter zu tun zu haben schien, als der Chefetage von Lloyd jede Unachtsamkeit Scaramellas umgehend mitzuteilen. Manchmal wartete er unten am Haupteingang auf Doktor Salvini, um dann im Aufzug den Kollegen anzuschwärzen:

«Gestern war Scaramella bei Commendatore Girolami, dem mit den Supermärkten. Und wissen Sie was? Er hatte die Verträge nicht eingesteckt. Der Commendatore hätte bestimmt unterschrieben, aber Scaramella..., Sie kennen ihn ja, immer den Kopf in den Wolken. Dabei hatte ich ihm noch gesagt:

‹Dotto›, habe ich gesagt, ‹passen Sie gut auf, daß es Ihnen nicht so wie letzten Monat ergeht, als man Ihnen die Aktentasche mit den Verträgen in der U-Bahn geklaut hat.›»

Enzo Scaramella war der einzige Mensch auf der Welt, der seinen Autoschlüssel während der Fahrt verloren hatte. Eine Anekdote, die Ramazzini besonders gern erzählte.

«Einmal fuhren wir zusammen ins Büro. Scaramella hielt vor einer roten Ampel. Während er wartete, öffnete er das Handschuhfach mit einem Bund Schlüssel, unter denen auch der Zündschlüssel war, holte etwas heraus, schloß es wieder und steckte sich die Schlüssel in die Manteltasche. Ihr werdet es nicht glauben, doch die Tasche hatte ein Loch, und die Schlüssel landeten Gott weiß wo, vielleicht im Mantelfutter. So konnte er, als es grün wurde, nicht weiterfahren. Die Autofahrer in der langen Schlange hinter uns verloren schnell die Geduld und stimmten wütend ein gewaltiges Hupkonzert an. Natürlich dachten sie, der Fahrer vor ihnen mache ein Nickerchen. Scaramella stieg aus, rief einige Male: ‹Ich hab' den Schlüssel verloren, ich hab' den Schlüssel verloren!› und fing dann, wie von der Tarantel gestochen, an zu hüpfen, um am Geräusch herauszufinden, wo der Schlüsselbund steckte.»

Nun verhielt es sich so, daß Judas Ramazzini seinen

Kollegen Scaramella nur deshalb in ein möglichst schlechtes Licht rückte, weil er es auf dessen Innenstadtbezirk abgesehen hatte.

«Einen Kunden wie Girolami», betonte er immer wieder, «kann man Scaramella einfach nicht überlassen. Früher oder später merkt die Konkurrenz, was da los ist, und schnappt ihn uns weg.»

Nun verhielt es sich aber so, daß Girolami, was Ramazzini nicht für möglich gehalten hätte, eben deshalb Kunde von *Lloyd Security* geworden war, weil ihm Scaramella und dessen unprofessionelle Art gefielen.

«Sehen Sie», sagte er einmal zu ihm, «ich habe Vertrauen zu Ihnen. Bei Ihnen habe ich nicht den Eindruck, daß Sie mich unbedingt aufs Kreuz legen wollen. Wissen Sie, bei Geschäften sind wir eigentlich alle entweder Hasen oder Jäger. Gott sei Dank gibt es aber auch noch ein paar Leute wie Sie, die ihr Gewehr zu Hause vergessen haben.»

Enzo Scaramellas Leben erfuhr an jenem Tag eine Wandlung, als er sich entschloß, von nun an zu Fuß ins Büro zu gehen. Er wohnte in der Via Campania und hatte sein Büro in der Viale Bruno Buozzi. Der Spaziergang durch den Park der Villa Borghese, dabei ab und zu stehenzubleiben, um sich die Bäume zu betrachten, machte ihm einfach Spaß. Gewöhnlich verließ er eine halbe Stunde früher als eigentlich notwendig das Haus, um sich noch etwas auf einer Bank auszuruhen. Er hatte es sich angewöhnt, eine Plastiktüte mit Brotkrumen mitzunehmen, weil er gern die Spatzen fütterte. Ja, er war überzeugt, daß die Spatzen morgens schon auf ihn warteten. Eigentlich hätte er immer schon gern ein Haustier gehabt, irgendeins, einen Hund, eine Katze oder auch nur einen Kanarienvogel, wäre jedoch nie auf die Idee gekommen, Inge so etwas vorzuschlagen. Tiere machen bekanntlich Dreck, und wenn man sie nicht wirklich liebt, sind sie schwer zu ertragen. Jedenfalls machte Scaramella bei seinen Spaziergängen im Park nach und nach einige Bekanntschaften. Parks haben ja immer ein gewisses Stammpublikum. Das der Villa Borghese läßt sich grob in vier Gruppen aufteilen: Asylanten aus der Dritten Welt, Obdachlose, Huren und Rentner. Zu letzteren zählte ein früherer Philosophielehrer, den alle nur «Professore» nannten.

«Abgesehen von der Gesundheit ist der einzige wahre Reichtum des Menschen seine Freiheit», dozierte der Professore, «was praktisch nichts anderes ist als die Unabhängigkeit von Bedürfnissen. Wie Stobäus sagte: ‹Willst du reich werden, Pythokles, so häufe keine Güter an, sondern beschneide deine Wünsche.›»

Wer dieser Stobäus war, wußte natürlich niemand, Scaramella nicht und noch viel weniger die anderen

Mitglieder der Zuhörergruppe, deren Kern drei Obdachlose waren: Uru, Gasparino und Adelaide.

Uru war ein Schwarzer, wie er im Buche steht, so schwarz wie der Toner eines Fotokopiergeräts. Er kam aus dem Senegal, und wenn er sich vorstellte, brummte er gewöhnlich nur:

«Ich, Uru, Uru, gut, gut.»

Gasparino hingegen war ein rappeldürrer Lulatsch, dessen Gesicht ganz von Nase und Brille beherrscht wurde. Von Beruf war er Dichter. Er sprach mit den Pflanzen und legte Gedichte in Baumhöhlen.

«Eines Tages wird sie jemand finden und den Baum nach mir fragen.»

Die einzige Vertreterin des zarten Geschlechts war Adelaide. «Zart» traf nicht unbedingt ihren Charakter, da sie jeden, der sie um etwas bat, sofort zum Teufel schickte. Ihr Lieblingswort war «Arsch», das Schlüsselwort all ihrer Gedanken: kein Satz, in dem sie es nicht mindestens einmal aussprach. Sie war von unbestimmbarem Alter (zwischen dreißig und fünfzig, aber eher dreißig), und ein gelegentliches Bad hätte ihr ganz gutgetan.

«Wenn ich mich wasche», sagte sie aber, «nutzen die Leute das sofort aus und stecken ihn mir in den Arsch.»

Eines Tages traf Scaramella den Professore allein an. Er saß in der Sonne, die Augen geschlossen, ein schwarzer Koffer zu seinen Füßen. Scaramella setzte sich zu ihm.

«Salve», sagte der Professore, ohne die Augen zu öffnen, «wie läuft's mit Ramazzini?»

«Ach, viel besser. Ich hab' ihn seit mindestens einem Monat nicht mehr gesehen.»

«Ist er tot?»

«Nein, er ist in Mailand, auf einem Fortbildungslehrgang.»

«In Mailand gehen alle hastig. Deswegen lebe ich hier in Rom.»

«Was? Das verstehe ich nicht?»

«Ich habe gesagt, in Mailand gehen alle hastig. Einmal habe ich sogar einen Mann gesehen, der hastig gewartet hat.»

«Hastig gewartet?»

«Ja, er stand an einer Bushaltestelle und wartete hastig.»

«Und wie haben Sie gesehen, daß er hastig wartete?»

«Er war nervös, schaute auf die Uhr, dann die Straße runter, ob der Bus kam, dann wieder auf die Uhr...»

«Und in Rom?»

«Haben alle die Ruhe weg. Jeder weiß, egal, wie er sich aufregt, der Bus wird dadurch keine Minute früher oder später kommen. Die Mailänder hingegen gehen immer streng geradeaus.»

«Was meinen Sie damit?»

«Sie wissen eben, wo sie hingehen.»

«Und was ist daran Besonderes?»

«Ein wahrer Mensch geht nie streng geradeaus, sondern immer *agorazein*.»

«Agorawas?»

«*Agorazein*, zickzack, ein bißchen nach rechts, ein bißchen nach links.»

«Also ohne stehenzubleiben?»

«Wenn man will, kann man auch stehenbleiben, unter der Voraussetzung jedoch, daß man *agorazonta* steht.»

«Was heißt das?»

«Unbeweglich, jedoch aufmerksam darauf lauschend, was um einen her vorgeht.»

«Ist das wichtig?»

«Sehr sogar! Denn nur so entsteht die kreative Resonanz.»

Das mit der kreativen Resonanz war eine fixe Idee des Professore. Einige Male hatte Scaramella ihn schon davon reden hören, aber nie ganz verstanden, worum es da ging. An diesem Morgen war er nun endlich einmal allein mit ihm und konnte sich die Sache ausführlich ein für allemal erklären lassen.

«Mancher wundert sich darüber», begann der Professore, «daß fast alle bedeutenden Griechen in einem Zeitraum von nicht viel mehr als hundert Jahren und einem Umkreis von vielleicht zehn Quadratkilometern geboren wurden. Zwischen dem ältesten, Heraklit, und dem jüngsten, Epikur, liegen weniger als zwei Jahrhunderte. Die Menschheit verteilt ihre Gaben im allgemeinen nicht gleichmäßig, weder in der Zeit noch im Raum. Es gibt Zeiten größter Fruchtbarkeit und andere, die weitaus unfruchtbarer sind. Und ich fürchte, das nächste Jahrhundert wird zu letzteren zählen.»

«Für die Philosophie?»

«Für alle Gebiete. Zwischen dem vierten und fünften Jahrhundert vor Christus wurden in Griechenland dutzendweise Genies geboren, Philosophen wie Sokrates, Platon und Diogenes, Künstler wie Phidias, Polyklet und Myron, Geschichtsschreiber wie Herodot, Thukydides und Xenophon, Tragödiendichter wie Euripides und Sophokles, Komödiendichter wie Aristophanes, Ärzte wie Hippokrates, Redner wie...»

«Um Himmels willen, das reicht...»

«Ich bin aber noch nicht fertig: Ähnliche Sternstunden erlebte die Menschheit auch in Italien während der Renaissance, in Frankreich mit der Aufklärung, in Österreich zu Beginn dieses Jahrhunderts...»

«Ja, gut. Aber wie entsteht nun diese ‹kreative Resonanz›?»

«Durchs Plaudern! Treffen sich zwei Kreative, so hallen die Gedanken des einen im Kopf des anderen wider und kehren verstärkt zurück. Dann ziehen sie wieder los, verstärken sich weiter und kehren wieder zurück. In kürzester Zeit potenzieren sich die Kreativen, und aus zwei werden vier. Aus drei Kreativen werden neun, aus vier Kreativen werden sechzehn und so weiter. Das alles ist aber nur möglich, wenn ein Ort der Begegnung vorhanden ist, und welcher Ort könnte einladender sein als eine *agora*? Heute hingegen haben wir Autos und Fernsehen: Die Leute fahren direkt aus ihren Garagen auf die Straßen und haben absolut keine Lust mehr, sich zu begegnen: Die Autobahnen sind ihnen lieber. Es gibt tatsächlich ganze Viertel ohne den Hauch einer *agora*, also ohne eine Piazza.»

«Aber auch Reisen bildet.»

«Niemals. Als man Sokrates vorschlug, einen Spaziergang außerhalb der Stadtmauern zu machen, um sich in die Betrachtung der schönen Landschaft zu versenken, antwortete er: ‹Die Landschaft und die Bäume interessieren mich einen feuchten Dreck. Von ihnen kann ich absolut nichts lernen. Die einzige Reise, die mich noch interessiert, ist die in die Seele des Menschen. Und da es hier in Athen so viele Menschen gibt, wüßte ich nicht, warum ich den Ort verlassen sollte.›»

«Hat er wirklich ‹feuchten Dreck› gesagt?»

«Natürlich nicht so direkt. Aber dem Sinn nach.»

Als Scaramella nach Hause zurückkehrte, ging dort alles drunter und drüber. Ein unerhörtes Ereignis hatte sich zugetragen: Eine Maus – und ich betone: eine Maus – war von der Putzfrau gesichtet worden, wie sie vom Bad über den Flur zum Arbeitszimmer rüberhuschte. Wahrscheinlich war sie aus der Kloschüssel hervorgekrochen. Es soll ja tatsächlich besonders flinke Nager geben, die Abflußrohre hochklettern können.

Inge Rauscher konnte sich gar nicht mehr beruhigen. Das Eindringen der Maus betrachtete sie als persönliche Beleidigung: Eine solch saubere Wohnung wie die ihre, in der keine Brot- oder Käsekrumen zu finden waren, eine Wohnung, in der die rigiden mitteleuropäischen Reinheitsvorschriften strikt eingehalten wurden, diese Wohnung war durch die Maus entehrt worden. Jetzt galt es, keine Zeit zu verlieren: Die ganze Wohnung mußte von oben bis unten desinfiziert werden, besonders das Arbeitszimmer des Ehegatten. Die Firma *Zucchet*, ein auf solche Aufgaben spezialisiertes Unternehmen, wurde benachrichtigt. Die Männer vom schnellen Eingreiftrupp kamen überein, zunächst die Maus aufzustöbern. Sämtliche Möbel des Arbeitszimmers wurden zum Eingang gerückt, ebenso wie die drei Bücherstapel, die Doktor Scaramella in einer Ecke aufbewahrte. Es handelte sich um Erinnerungen aus Schulzeiten: historische und philosophische Abhandlungen, einige Romane von Salgari, das Manuskript einer selbst verfaßten Komödie, die nie zur Aufführung gelangt war, und ein Dutzend Liebesbriefe, die mit Adriana unterzeichnet waren. In solchen Notfällen, sagte Inge Rauscher, sei für Sentimentalitäten kein Platz: Die Erinnerungen sollten weggeworfen werden, bevor sich alle Nager Roms in ihrer Wohnung ein Stelldichein geben konnten.

«Das dreckige Papier kommt aus dem Haus!» entschied also die Signora.

Und so landeten die Bücher und Briefe in einer Mülltonne in der Via Campania. Als Enzo Scaramella davon erfuhr, stürzte er auf die Straße, begann mit bloßen Händen im Abfall zu wühlen und konnte so wenigstens die Liebesbriefe retten. Doch Signora Inge blieb steinhart: Mit diesen «Schweinereien» werde er niemals ihre Wohnung betreten. Vergeblich schlugen die *Zucchet*-Leute vor, die Briefe mit einem Karbolsäurespray zu reinigen. Weder Inge noch Enzo wollten sich darauf einlassen.

So kam es, daß der Ärmste, um seine «Schweinereien» nicht aufgeben zu müssen, die Nacht in einer Pension verbrachte.

«Und wo sind die Briefe jetzt?» fragte der Professore.

«Ich habe sie ins Büro gebracht», antwortete Scaramella. «Da rührt sie keiner an. Und vor allen Dingen kriegt meine Frau sie nicht in die Finger.»

«Ich glaube, Sie brauchen dringend eine meiner Klinken.»

«Klinken? Was für Klinken?»

Der Professore antwortete nicht. Statt dessen öffnete er den schwarzen Koffer und nahm eine Türklinke aus Plastik mit einem Saugnapf heraus.

«Sehen Sie mal. Diese Türklinke kann all Ihre Probleme lösen. Meine eigene Erfindung: Ich nenne sie Oneiros. Kostet nur fünftausend Lire. Mit dem Saugnapf können Sie sie überall anbringen, an jeder beliebigen Wand. Und wenn Sie sich nicht gut fühlen, versuchen Sie, sie zu öffnen.»

«Was soll ich öffnen?»

«Eine Tür...»

«Ich verstehe immer noch nicht. Was für eine Tür?»

«Eine imaginäre Tür. Wie Sie sich die Tür vorstellen, liegt an Ihnen.»

«Und die läßt sich öffnen?»

«Nein, so einfach nicht. Aber man kann es versuchen. Am besten nehmen Sie einen schwarzen Filzstift und zeichnen eine Tür an die Wand.»

«Eine gezeichnete Tür?»

«Ja. Und dann versuchen Sie, sie zu öffnen.»

Enzo Scaramella zeichnete zwei Türen: eine im Büro und eine in der Wohnung. Die in der Wohnung zeichnete er hinter ein Werbeplakat von *Lloyd Security*. Bei seinem ersten Versuch schloß er sich im Arbeitszimmer ein, nahm das Plakat von der Wand, brachte die Oneiros-Klinke an und versuchte, die Tür zu öffnen. Nichts tat sich.

Dann eines Tages saß er nach einem Streit mit Inge in seinem Arbeitszimmer, als er plötzlich die *Vierte Symphonie* von Mahler zu hören glaubte. Den dritten Satz, um genau zu sein. Die Stereoanlage war ausgeschaltet und der kleine Fernseher auch. Er konnte sich nicht erklären, wo die Musik herkam. Als er auf das Plakat an der Wand schaute, hatte er plötzlich das deutliche Gefühl, daß hinter der Wand ein Geiger war. Sein Herz schlug schneller. Vielleicht war jetzt der Moment gekommen. Er schloß sich wieder ein, nahm das Plakat von der Wand, brachte die Klinke an und versuchte ganz vorsichtig, die Tür zu öffnen.

Und tatsächlich. Die Tür ging langsam auf. Auf der anderen Seite der Wand stand ein Geiger, den Kopf über sein Instrument geneigt: Es war sein Vater.

«Endlich», sagte er, indem er aufschaute. «Du bist also doch gekommen. Seit dreißig Jahren warte ich auf dich.»

«Ich dachte, du seist im Himmel...»

«Na und? Du dachtest wohl, der Himmel sei wer weiß wo, irgendwo über den Wolken. Nein, wie du siehst, ist er hier auf der Erde, direkt neben deinem Arbeitszimmer. Ja, wie soll ich sagen? Er grenzt an: Man muß ihn sich nur vorstellen, um ihn sehen zu können. Stimmt das übrigens, daß du geheiratet hast?»

«Ja, aber die Ehe läuft ziemlich schlecht. Sie ist eine Frau, die nichts auf der Welt so sehr liebt wie ihre Ordnung. Im Grunde ist sie kein schlechter Mensch, aber bei bestimmten Dingen kennt sie kein Pardon ... Sie kommt aus Deutschland ... Ich hingegen liebe alles, was nicht so ganz vollkommen ist.»

«Auch hier bei uns im Himmel ist Ordnung Pflicht. Wir haben uns jedoch einen Trick ausgedacht, um uns ihr zu entziehen. Wir retten uns mit unserer Vorstellungskraft.»

«Mit der Vorstellungskraft? Und was stellt ihr euch vor?»

«Daß wir nicht perfekt sind, daß wir Fehler begehen. So ein Fehler ist doch eine herrliche Sache. Er stürzt uns in eine Krise und zeigt gleichzeitig neue Wege auf. Ein weiser Mensch ist nicht weise, weil er keine Fehler begeht, sondern weil er seine Fehler erkennt und die Folgen akzeptiert.»

«Das hat, wenn ich mich recht erinnere, auch Popper gesagt. Hast du eigentlich als Geiger viele Fehler gemacht?»

«Als Geiger nicht. Aber als Vater schon.»

«Welche zum Beispiel?»

«Ach, ich habe viel zu viel an meine Konzerte gedacht und zu wenig an meine Kinder. Vor allem der Kontakt zu deiner Schwester fehlt mir. Ich fürchte, ich habe sie arg vernachlässigt. Dauernd war ich unterwegs, hatte immer etwas zu tun, Dinge, die mir damals unaufschiebbar erschienen, es tatsächlich aber gar nicht waren. Seht ihr euch manchmal?»

«Offen gesagt, nein. Seitdem ihr Mann zur Staatsanwaltschaft nach Palermo versetzt wurde, ist der Kontakt schwierig geworden.»

«Ich bitte dich, Enzo. Tu mir einen großen Gefallen. Fahr zu ihr und gib ihr einen Kuß von mir.»

«Einverstanden. Dann kann ich ihr auch gleich eine Oneiros-Klinke schenken. Wer weiß, vielleicht gelingt es ihr auch, eine Tür zu öffnen.»

Die zweite Tür öffnete sich im Büro. Und diesmal ging nicht er hindurch, sondern ein wunderschönes Mädchen kam zu ihm. Sie war vollkommen nackt.

«Adriana. Was machst du denn hier? Und dazu noch ganz nackt?»

«Für mich ist es normal, nackt zu sein. Dort, wo ich wohne, sind alle nackt.»

«Willst du damit sagen, daß ...»

«Ja ... vor zehn Jahren ist es passiert.»

«Wie das?»

«Ein Unfall, auf der Autobahn.»

«O Gott ..., das tut mir so leid ...»

«Schon gut. Sag mir lieber, wie es dir geht.»

«Ach, eigentlich ganz gut. Obwohl es heute morgen wieder einmal Streit gab.»

«Immer noch wegen der Geschichte mit der Maus?»

«Was? Davon weißt du?»

«Wir wissen alles oder fast alles. Aber die Briefe hast du doch wiedergefunden?»

«Ja, ich habe sie retten können. Sie haben zwar etwas gelitten, aber immerhin, ich habe sie wieder.»

«Es hätte mir sehr leid getan, wenn du sie verloren hättest.»

«Ja, mir auch. Gerade heute habe ich noch einmal einen der Briefe gelesen. Da hast du sechzehnmal hintereinander ‹ich liebe dich› geschrieben.»

«Einmal für jedes Lebensjahr. Mit sechzehn fallen einem solche Dummheiten ein.»

«Dummheiten würde ich das nicht nennen. Ganz im Gegenteil. Aber weißt du, ich habe damals einfach nicht verstehen können, warum du plötzlich so spurlos verschwunden bist. Kein Abschied, nichts. Du kannst dir gar nicht vorstellen, wie sehr ich geweint habe.»

«Ich war eben erst sechzehn. Und ich hatte mich in einen Kadetten der Militärakademie Nunziatella verliebt. Dann wurde mein Vater nach Treviso versetzt, und zwei Jahre später habe ich dort geheiratet.»

«Wen? Den Kadetten aus der Nunziatella?»

«Nein, einen Ingenieur. Wir bekamen zwei Kinder. Aber ehrlich gesagt, ich war nicht sehr glücklich. Er war ein Perfektionist. Ein Mann, der immer wußte, was zu tun war. In gewisser Hinsicht erinnerte er vom Charakter her an deine Frau.»

«Kennst du meine Frau?»

«Ich habe dir doch gesagt: Wir verfolgen die Leben all derer, die wir einmal geliebt haben.»

«Dann war dein Mann also ein Ordnungsfanatiker?»

«Das kannst du aber laut sagen. Sein größter Fehler war, daß er alles mit System anging.»

«Was meinst du damit?»

«Stell dir zum Beispiel vor, daß er abends Lust hatte, mit mir ins Bett zu gehen. Nun, als erstes schaltete er den Fernseher aus und legte den Hörer neben das Telefon, damit es nicht klingeln konnte, während wir zusammen waren. Danach zog er sich aus, legte jedes Kleidungsstück einzeln, ordentlich gefaltet, auf einen Stuhl, zog seinen Schlafanzug an, legte die Armbanduhr auf den Nachttisch und dann, zehn Minuten nach Beginn der Aktion, sagte er zu mir: ‹Schatz, ich liebe dich.›»

«Und was war daran so schlimm?»

«Daß sich nie etwas an dem Ablauf änderte. Wenn ich sah, wie er den Hörer hochnahm, wußte ich schon, daß er genau zehn Minuten später ‹Schatz, ich liebe dich› sagen würde.»

«Du hingegen ...?»

«Ach, ich hätte mir gewünscht, daß er mich wenigstens einmal ohne lange Vorankündigung gepackt und aufs Bett gezogen hätte, vielleicht ohne auch nur die Schuhe auszuziehen.»

«Ja, aber so etwas kannst du doch eigentlich nur von einem Liebhaber erwarten.»

«Eben. Und deswegen habe ich mir nach drei Jahren Ehe auch einen zugelegt.»

«Einen Liebhaber?»

«Ja, einen Liebhaber. Einen Mann, der für mich zu jeder Verrücktheit bereit war. Einmal verbrachte er, nur weil wir gestritten hatten, die ganze Nacht im strömenden Regen unter meinem Fenster. Dann legte ich mir einen zweiten zu, einen Stuntman beim Film, und schließlich noch einen dritten. Allmählich wurde mein Leben ausgefüllt und aufregend. Leider gehörte zu den Aufregungen auch der verfluchte Autounfall. Ich war damals mit meinem dritten Liebhaber unterwegs, als es passierte.»

«Und deine Kinder?»

Noch bevor Adriana antworten konnte, ging die Tür auf und Doktor Salvini betrat den Raum.

Enzo wurde leichenblaß. Er hatte ganz vergessen, die Bürotür abzuschließen. Er sprang auf und zog sich geschwind das Jackett aus, um die Blöße des Mädchens zu bedecken. Salvini schien jedoch keineswegs überrascht. Offensichtlich konnte er Adriana gar nicht sehen. Er wunderte sich nur, daß Scaramella sein Jackett ablegte und über eine Stuhllehne hängte.

«Hören Sie, Scaramella. Cavalier Santaniello wird gleich hier eintreffen, der mit den Konditoreien. Unter uns gesagt, er ist eine schreckliche Nervensäge. Aber wir sollten uns trotzdem um ihn kümmern. Er will sich mit dem normalen Billigvertrag begnügen: Lebensversicherung und basta. Jetzt müssen wir ihn dazu bringen, das ganze Paket zu unterschreiben: Leben, Feuer, Diebstahl, Naturkatastrophen ... Und ziehen Sie bitte Ihr Jackett wieder an!»

Am Tag darauf erzählte Scaramella alles dem Professore: von der Tür, die sich endlich geöffnet hatte, von seinem Vater, dem Geiger, von der nackten Adriana und von Doktor Salvini, der sie nicht bemerkt hatte.

«Natürlich konnte er sie nicht sehen», bestätigte der Professore. «Die Oneiros-Klinke öffnet die Tür zu Erinnerungen, und Erinnerungen sind immer sehr persönlich.»

«Glauben Sie, daß sie noch mal wiederkommen wird?»

«Das hängt allein von Ihnen ab, davon, wie groß Ihr Verlangen ist, sie wiederzusehen», erklärte der Professore. «Ich kenne jemanden, der die Tür zu seinen Träumen jeden Tag öffnet und alle Frauen trifft, die er im Leben geliebt hat.»

«Tatsächlich? Mit dem würde ich gern mal reden. Wo kann ich ihn finden?»

«In der Santa Maria della Pietà, der Nervenklinik von Rom.»

Diese Antwort machte Scaramella einen Moment lang sprachlos: Wer weiß, dachte er, vielleicht endet es mit mir auch noch so. Dann riß er sich zusammen und redete weiter.

«Manchmal frage ich mich, wie mein Leben ausgesehen hätte, wenn ich andere Entscheidungen getroffen hätte. Nehmen wir zum Beispiel an, ich hätte nicht Inge, sondern Adriana geheiratet. Ob ich dann heute glücklicher wäre? Und wäre sie trotzdem auf der Autobahn ums Leben gekommen? Und Inge, die Ärmste, was wäre wohl aus ihr geworden?»

«Ja, wer weiß?» antwortete der Professore. «Das Leben ist ein Labyrinth mit Tausenden von Abbiegungen, und hinter jeder Abbiegung warten mindestens zwei andere mögliche Leben. Nur eins ist sicher: Adriana hätte Sie betrogen, genau wie ihren Ehemann.»

«Warum denn? Ich hätte sie bestimmt nicht so gequält.»

«Trotzdem. So wie Sie sie mir beschrieben haben, entsprach ihr nicht die Rolle der Ehefrau, sondern die der Geliebten. Und daher war sie eine typische Frau der Unordnung.»

«Was hat das mit Unordnung zu tun?»

«Lieber Scaramella, merken Sie sich gut, was ich Ihnen jetzt sage: In jeder Ehe steht der Ehepartner für die Ordnung und eine Geliebte oder ein Geliebter für die Unordnung. Danken Sie also Gott, daß Sie Inge kennengelernt haben, sonst wäre es Ihnen noch so wie Professor Unrat ergangen, dem aus dem *Blauen Engel*, der aus Liebe ‹Kikeriki!› schreit.»

XV

Unter der Dusche der Unordnung

Die Geschichte, die ich jetzt erzählen will, ist keineswegs ungewöhnlich, im Gegenteil, man könnte sie geradezu als banal bezeichnen. Und warum erzähle ich sie dann? Weil sie höchst lehrreich ist für alle, die sich für vernünftig und gefestigt halten und daher glauben, die Fallstricke der Unordnung nicht fürchten zu müssen.

Professore Giovanni Ranucci, einundfünfzig Jahre alt, war ein Mann, der Präzision zu seiner Lebensmaxime erhoben hatte: Um 8.10 Uhr verließ er das Haus und begab sich zum Tasso-Gymnasium, um 13.45 Uhr kehrte er nach Hause zurück und um 15.55 Uhr verließ er es wieder, um einem Jungen, der in dem Mietshaus gegenüber wohnte, Nachhilfeunterricht zu erteilen. Finanziell war er allein mit seinem Lehrergehalt nicht gut gebettet, und er wollte Engpässe am Monatsende vermeiden. Einmal im Jahr arbeitete er, unterstützt von seiner Gattin, eine Aufstellung aller voraussichtlichen Ausgaben für die nächsten zwölf Monate aus, bei der auch die winzigsten Details Berücksichtigung fanden. So zum Beispiel die Kosten für jahreszeitlich bedingte Krankheiten wie Grippe und Erkältung, deren Häufigkeit er aus einer Statistik der letzten zehn Jahre errechnete. Wenn dann im Laufe des Jahres kein Familienmitglied erkrankte, wurden die für Arzt und Arzneien bestimmten Gelder dem Fond «Gelegentliche Vergnügungen» zugeschlagen, um im darauffolgenden Jahr ausgegeben zu werden.

Zur Familie Ranucci gehörten drei Personen: er selbst, seine Frau Teresa sowie die zweiundzwanzigjährige Tochter Maria Concetta, kurz Marika genannt. Natürlich war es nicht einfach, eine dreiköpfige Familie mit einem einfachen Lehrergehalt über die Runden zu bringen. Mit den Nachhilfestunden für zwei Schüler und den vier Sommerkursen für Nachprüflinge war es aber zu schaffen.

Freizeitvergnügungen? Praktisch gleich null. Zumindest was Ranucci selbst betraf. Wollte man sie alle aufzählen, von der ersten bis zur letzten, war man rasch fertig: Fernsehen, ein Sonntagsspaziergang in den Fori Imperiali, vier Zigaretten am Tag, gelegentliche Kartenspielchen mit seinem Freund und Kollegen Professore De Vita (tausend Lire für den Sieger – ein Einsatz auf Fensterputzerniveau) und schließlich jeden Mittwochabend ein anspruchsvoller Film im «Cineclub Tiburtino», in dem sowohl er als auch sein Freund De Vita seit mehr als zehn Jahren Mitglieder waren. Kein Auto und keine Urlaubsreisen. Nur die Strandbesuche von Marika in Ostia, für die aber fast immer der gerade aktuelle Verehrer aufkam. Mit all dem hätten sie unbeschwert bis ins hohe Alter leben können, wäre da nicht plötzlich der Wirbelsturm Deborah über sie hereingebrochen. Deborah mit «h» am Ende.

Deborah stand in ihrem achtzehnten Lebensjahr und war eine Frau, die direkt vom Teufel abstammte. Obwohl Ranucci in einer vollkommen anderen Welt lebte, spürte sie sofort, daß sie ihm leicht den Kopf würde verdrehen können. Einmal, als sie ein tief ausgeschnittenes Kleid trug, streifte er sie mit einem Blick – ein kurzer Blick von Sekundenbruchteilen, doch lange genug, um von Deborah bemerkt zu werden. Und mit jenem Moment begann das «Spiel» der Lolita mit ihrem Lehrer: Je mehr er sich bemühte, Distanz zu wahren, desto größer war ihr Spaß daran, ihn zu verführen.

Und das Unausweichliche geschah an einem heißen Nachmittag im August. Deborah stand unter der Dusche, als sie es an der Tür klingeln hörte. Das mußte er sein, Professore Ranucci, ihr Nachhilfelehrer: Er war zehn Minuten zu früh dran, ein außergewöhnlicher Umstand für einen Pünktlichkeitsfanatiker wie Ranucci und emblematisch für die kommenden Ereignisse.

Deborah war allein zu Hause. Der Rest der Familie war in den Ferien. In ein nicht eben großes Handtuch gehüllt, lief sie zur Tür und öffnete. «Nehmen Sie schon mal Platz, ich komme sofort!» rief sie ihm entgegen und verschwand wieder unter der Dusche, wobei sie jedoch die Badezimmertür halb offen ließ, so daß er sie im Spiegel über dem Waschbecken sehen konnte.

Sogleich kam Ranucci ein Gemälde von Domenico Morelli in den Sinn, das mit der Versuchung des heiligen Antonius. Auch der Heilige hatte sich einem gezielten Angriff des Satans in Form sexueller Provokation ausgesetzt gesehen. In seiner Höhle waren wie aus dem Nichts zwei wunderschöne nackte Frauen aufgetaucht, die ihn mit eindeutigen Gesten und Worten dazu zu bringen versuchten, mit dem Beten aufzuhören. Doch obwohl niemand den Heiligen sehen und sein Tun hätte tadeln können, widerstand er der Versuchung und schaute weiter unverwandt mit entrücktem Blick gen Himmel.

Ranucci war, so viel wird schon klar sein, kein chronischer Lüstling, aber auch nicht ganz taub gegenüber den Verlockungen des Fleisches. Eine Zeitlang versuchte er, wie der Heilige den Blick abzuwenden, doch dann erlag er den Reizen der Achtzehnjährigen, so daß sie beide kurze Zeit später zusammen unter der Dusche standen: sie nackt, er in Kleidern.

Ja, liebe Leser, diese Dusche veränderte das Leben von Professore Ranucci und vielleicht auch seinen Charakter: vorbei die Präzision, vorbei das Pflichtbewußtsein, vorbei die Ordnung. Zwischen ihm und seiner Schülerin entstand eine nicht leicht zu definierende Beziehung, irgendwo zwischen reiner Sinnlichkeit und Romantik, die so lange hielt, wie die Privatstunden stattfanden, das heißt, bis Deborahs Eltern aus den Ferien zurückkamen. Der arme Ranucci verfügte über keinen Ort, wo er mit ihr hätte allein sein können, und würde mit Sicherheit auch nie einen besitzen. Ein Liebesnest zu mieten kam auch nicht in Frage, weil das seine Einkünfte nicht erlaubt hätten. Außerdem begann Deborah jetzt ihres Lehrers müde zu werden. Das Interesse für den reifen Mann war befriedigt, und sie wandte sich lieber wieder Gleichaltrigen zu.

Ein unglückliches Schicksal wollte es, daß Deborah, die das Schuljahr wiederholen mußte, ausgerechnet in Ranuccis Klasse landete, dazu noch in der ersten Reihe, tiefer Ausschnitt inklusive, zur großen Beunruhigung des Lehrers und zum Vergnügen der ganzen Klasse, die von der Protagonistin über alles informiert worden war.

Der ärmste Ranucci war verliebt: Jeder Vorwand war ihm recht, um den früheren Kontakt wiederherzustellen. Oft wartete er in einiger Entfernung nach der Schule auf sie, in der vagen Hoffnung, sie würde vielleicht doch ihre Kameraden stehenlassen und zu ihm rüberkommen. Doch meistens konnte er nur machtlos mitansehen, wie sie rittlings auf der großen Maschine eines hassenswerten Jünglings mit Pferdeschwanz davonbrauste. Eines Tages nahm er allen Mut zusammen und rief von einer öffentlichen Telefonzelle bei ihr zu Hause an, hängte jedoch den Hörer sofort wieder ein, als er am anderen Ende der Leitung die Stimme von Deborahs Mutter vernahm. Deborah ihrerseits wollte zwar die Beziehung nicht wieder aufnehmen, ihn sich auf der anderen Seite aber auch nicht zum Feind machen. Immerhin war und blieb er ihr Latein- und Griechischlehrer.

Dann endlich trafen sie sich eines Tages in der U-Bahn.

«Ciao!» sagte er.

«Ciao!» antwortete sie.

«Letzte Woche habe ich versucht, dich anzurufen. Leider war deine Mutter am Apparat. Sag mal, wann kann ich dich denn am besten erreichen?»

«Du könntest mich immer erreichen, wenn ich ein Handy hätte.»

«Ein Handy? Was willst du denn mit einem Handy?»

«Ich würde es für persönliche Anrufe benutzen. Für deine zum Beispiel. Übrigens, bald ist Weihnachten. Was hältst du davon, mir ein Handy zu schenken?»

«Und was würden deine Eltern dazu sagen? Die

wollten doch sicher wissen, wer dir das geschenkt hat. Und warum.»

«Mach dir darüber keine Gedanken. Ich weiß schon, was ich ihnen erzähle. Ich sag einfach, ich hätte es auf Raten gekauft, von meinen Ersparnissen. Die Telefonrechnung würde ich mir dann von meinem Vater bezahlen lassen. Er macht kein Auge zu, wenn ich samstags abends in der Disco bin. So könnte er mich einfach übers Handy anrufen und dann beruhigt einschlafen.»

Im Haushaltsentwurf der Familie Ranucci waren die Ausgaben für ein Mobiltelefon nicht vorgesehen und wären als Weihnachtsgeschenk für die achtzehnjährige Geliebte des Familienoberhaupts auch schwer zu rechtfertigen gewesen. Signora Teresa war über alle Bewegungen auf dem gemeinsamen Girokonto bestens unterrichtet. So blieb Ranucci nichts anderes übrig, als seinen alten Freund, Professore De Vita, um eine geheime Anleihe zu bitten. Und an dieser Stelle muß noch ein weiterer Aspekt der Geschichte beleuchtet werden.

De Vita und Ranucci kannten sich schon ein Leben lang. Sie hatten zusammen das Gymnasium und die Universität besucht und waren ein jeder der Trauzeuge des anderen gewesen. Darüber hinaus unterrichteten sie am selben Gymnasium und hatten beide eine Frau und eine Tochter: Praktisch waren ihre

Leben identisch. So war es fast unmöglich, daß eine so wichtige Angelegenheit wie seine Leidenschaft für Deborah dem Freund verborgen blieb. Und als Ranucci sich dann eines Tages, während sie zusammen zu Fuß von der Schule heimwärts spazierten, entschloß, ihm die ganze Geschichte zu erzählen, von der Dusche bis zum Handy, stellte er zu seiner großen Verwunderung fest, daß der Freund schon über alles auf dem laufenden war.

«Und wie hast du das erfahren?»

«Jemand in der Schule hat's mir erzählt.»

«Jemand in der Schule? Wer denn?»

«Die Hausmeisterin.»

«Ach du lieber Gott. Sogar Rachelina weiß es!»

«Alle wissen es. Und zwar von deiner lieben Deborah. Sie hat es überall herumposaunt. Es würde mich nicht wundern, wenn die Geschichte auch schon zum Direktor gedrungen wäre.»

Ranucci sagte nichts mehr. Was hätte er auch sagen sollen? Gewisse Dinge mußte ein Freund, ein wirklicher Freund, einfach verstehen. Seine Leidenschaft für Deborah hing nicht mehr von ihm ab. Sie war etwas, das nicht mehr seinem Willen unterlag. So verhielt es sich nun mal, und basta.

Eine Zeitlang liefen sie schweigend nebeneinander her die Straße hinunter, ein jeder in seine eigenen Gedanken versunken. Dann brachte Ranucci die Sprache noch einmal auf die erhoffte Anleihe.

«Wie soll ich das nur mit dem Geld für das Handy machen? Wenn du es mir leihst, könnte ich dir jeden Monat einen Teil zurückzahlen, ohne daß Teresa etwas davon merkt.»

«Giovanni, glaub mir: Auch wenn ich das Geld hätte, ich würde es dir nicht leihen. Himmel noch mal, jetzt komm endlich wieder zu dir! Du hast eine Familie... eine Tochter, die vier Jahre älter ist als Deborah. Merkst du denn nicht, daß dieses Mädchen ihr Spiel mit dir treibt?»

«*Vivamus, mea Lesbia, atque amemus*», antwortete Ranucci. «*Rumoresque senum severiorum omnes unius aestimemus assis.*»*

«Vielleicht hast du recht. Meine Vorhaltungen mögen weniger wert sein als die kleinste Münze. Aber zufällig sind es doch gerade Münzen, um die du mich bittest. Lesbia war vielleicht ein Flittchen, aber soweit ich weiß, hat sie von Catull nie ein Handy verlangt.»

Ranucci gelang es trotzdem, an ein Handy für Deborah zu kommen: Über den Vater eines Schülers, der eine *Motorola*-Vertretung führte, erhielt er einen ordentlichen Rabatt und die Möglichkeit, die Summe in vierundzwanzig bequemen Raten zurückzuzahlen. Wenn er auf seine vier Zigaretten täglich verzichtete, würde er seine Schuld begleichen können.

---

* «Leben, Lesbia, wollen wir und lieben! Was sie schwatzen die allzu strengen Alten, soll uns alles nicht die kleinste Münze wert sein!» (Catull: Gedichte, 5)

«Das ist das einzig Gute, das dir diese Deborah bringt», sagte De Vita.

«Was?»

«Na, daß sie dich noch vom Laster des Rauchens befreit.»

Dann geschah der Skandal in der Turnhalle. Von dem Vorfall existieren zahlreiche Versionen, was nicht weiter verwunderlich ist, denn wenn sich solche Dinge an einer Schule zutragen, neigen alle leicht zu Übertreibungen. Ein Schüler wollte Professore Ranucci sogar mit heruntergelassenen Hosen gesehen haben. Dabei wird es sich in Wahrheit bloß um einen Kuß, noch dazu einen sehr keuschen, gehandelt haben.

Fest steht, daß Professore Ranucci Deborah eine Verabredung vorgeschlagen hatte und daß das Mädchen sich zu einem Treffen in der Turnhalle gleich nach Schulschluß bereit erklärte. Und hier soll ihn, wie einige behaupten, das Mädchen um einen Kuß gebeten haben. Andere erzählen, er sei es gewesen, der sie, kaum daß er sie sah, in die Arme genommen und weinend an sich gedrückt habe. Jedenfalls sprangen gleich darauf von hinter einem Vorhang an die zwanzig kreischende Jugendliche hervor, die erst lange applaudierten und dann im Chor riefen: «Spaß beiseite, Spaß beiseite.»

Es handelte sich also um ein abgekartetes Spiel,

das sich Deborah selbst ausgedacht und auf Kosten des armen Ranucci mit der ganzen 3 E inszeniert hatte.

Natürlich war es für Ranucci unmöglich, weiter an der Schule zu unterrichten. Der Direktor, ein großherziger Mann, ersparte ihm jedoch eine schriftliche Meldung. Denn ihm war klar, daß, egal, was er in den Bericht schreiben würde, eine sofortige Entlassung aus dem Schuldienst die wahrscheinlichste disziplinarische Maßnahme sein würde. Im besten Fall eine Suspendierung vom Dienst. Nach einer Unterredung mit Professore De Vita beschränkte er sich daher auf die Empfehlung, Ranucci solle sich einen Monat krank schreiben lassen, in Erwartung, daß das Schulamt seine Versetzung an ein anderes Gymnasium veranlassen würde.

«Nach Möglichkeit eine Jungenschule», schlug De Vita vor.

XVI

Über Nietzsche, Apollon und Dionysos

Sollte ich Nietzsche mit nur einem Adjektiv charakterisieren, würde ich nicht zögern: «Übertrieben» ist das Wort, das mehr als jedes andere zu ihm paßt. Alles, was Nietzsche tat, sagte oder dachte, war übertrieben. Jede seiner Ansichten ging über das normale Maß hinaus oder war, wenn Sie so wollen, «Jenseits von Gut und Böse», um nur eins seiner berühmtesten Werke zu nennen. Sollte ich jedoch anstelle des Adjektivs das passendste Substantiv für ihn wählen, würde meine Wahl auf «Genie» fallen. Unter den zahllosen Ideen, die ihm zugeschrieben werden können, ist und bleibt für mich die genialste jene von der ewigen Dualität zwischen dem «Apollinischen» und dem «Dionysischen». So bezeichnet er in einer seiner berühmten Theorien das Kunstwerk als Funken, der zwischen diesen beiden entgegengesetzten Polen entspringt.

«Da machte Gott der Herr den Menschen aus Erde und blies ihm den Odem des Lebens in seine Nase», heißt es in der Schöpfungsgeschichte. Nun verhielt es sich jedoch so, daß es damals schon zwei verschiedene

Arten von Erde gab, die apollinische und die dionysische. Gottvater benutzte beide, wobei er mal mehr von der einen, mal mehr von der anderen nahm. Und so entstanden zwei verschiedene Charaktere, die apollinischen und die dionysischen Menschen. Jene, bei denen die Erde des Apollon überwog, waren kalt und rational und dadurch in der Lage, von Mal zu Mal das Für und Wider einer Situation einzuschätzen und sich entsprechend zu verhalten. Die anderen hingegen, die viel von Dionysos mitbekommen hatten, waren leidenschaftlich und impulsiv, und wenn sie eine Entscheidung zu treffen hatten, vertrauten sie ihrem Instinkt und stürzten sich kopfüber in die waghalsigsten Unternehmungen.

Apollon war ein untypischer Gott: In der Hierarchie des Olymp war er zwar ein Untergebener von Zeus, den Taten nach aber übertraf er den Göttervater auf fast allen Gebieten. Er wurde als der «Leuchtende» bezeichnet und stand für Intelligenz, Schönheit und Perfektion, war also praktisch das Sinnbild der Ordnung. Und wie allen sehr rationalen Menschen war ihm die Bedeutung des Wortes «Gnade» nicht geläufig. Wer sich auf dem Olymp auch nur die kleinste Verfehlung gegen ihn, seine Frau Mama (Leto) oder das Fräulein Schwester (Artemis) erlaubte, wurde mit unerbittlicher Grausamkeit bestraft.

Um seinen Charakter besser zu verstehen, werfen

wir schnell einen Blick auf seine Biographie: Im zarten Alter von vier Tagen verlangte er lauthals nach Pfeil und Bogen, um die Schlange Python zu töten, die seine Mutter angeblich belästigt hatte. Über Land und Meer jagte er sie und stellte sie schließlich in einer Felsenschlucht bei Delphi. Es heißt, die Schlange habe, bevor sie starb, händeringend um Gnade gefleht.* Der Gott ließ sich jedoch nicht erweichen und durchbohrte sie mit tausend Pfeilen. Als Halbwüchsiger zog er dem Satyr Marsyas bei lebendigem Leib die Haut ab, weil dieser ihn zu einem musikalischen Wettstreit herausgefordert und verloren hatte. Und bei allen Racheaktionen gerieten dem Gott nie auch nur ein einziges Haar oder eine Falte seines Gewandes aus der Fasson. Ja, je mehr er in Wut geriet bei seinen Racheaktionen, desto tadelloser waren Haltung und Outfit.

Vollkommen verschieden hingegen der Charakter des Dionysos, des Gottes der Ausschweifungen. Ihm wird das Verdienst zugeschrieben, den Wein erfunden zu haben. Als er eines Tages nämlich bemerkte, daß sich eine seiner Ziegen hin und wieder von der Herde entfernte, um dann nach einiger Zeit betrunken zu den anderen zurückzukehren, folgte er ihr und

* Dieses Detail mit der Schlange, die die Hände ringt, hat mir schon immer zu denken gegeben. Jedoch ist der Mythos in dieser Weise immer wieder erzählt worden.

entdeckte eine Pflanze, deren Früchte in gegorenem Zustand eine seltsame, berauschend wirkende Flüssigkeit absonderten.

Um es gleich zu sagen: Dionysos war ein Verrückter. Auf einem mit Blumengirlanden verzierten Karren, der von einem Tiger und einem Panther gezogen wurde, reiste er durch die Welt. Angeblich, um die Verbreitung des Weinbaus zu fördern; in Wirklichkeit tat er nichts anderes, als von morgens bis abends zu saufen. Ihm folgte stets eine Schar Besessener, Männer (Satyrn) und Frauen (Mänaden), die auf Orgien, Trinkgelage und ähnliches spezialisiert waren.

Einmal wurde Dionysos von Piraten entführt. Sie wußten nicht, daß es sich um einen Gott handelte, und wollten ihn im nächsten Hafen als Sklaven verkaufen. Ein großer Fehler: Dionysos verwandelte die Masten in gigantische Rebstöcke, das Tauwerk in Efeu, die Ruder in Schlangen und sich selbst in einen Löwen. Von Panik ergriffen, stürzten sich die Piraten ins Meer, wo sie sofort in Delphine verwandelt wurden.

Apollon – Dionysos: ein aufschlußreiches Gegensatzpaar. Der eine weise und distanziert, der andere ein Freund körperlicher Auseinandersetzungen. Wenn Apollon tötet, dann mit Pfeil und Bogen, um nicht mit seinen Opfern in Kontakt zu kommen. Dionysos hingegen zerfleischt sie, und wenn ihm das noch nicht reicht, verschlingt er sie auch. Giorgio Colli, der große Altertumsforscher, beschreibt uns Dionysos folgendermaßen:

Dionysos ist der Gott der Widersprüche, aller Widersprüche. Das beweisen seine Mythen und seine Kulte. Dionysos ist das Unmögliche, Absurde, Unwirkliche, das aber durch ihn Wirklichkeit wird. Dionysos ist Leben und Tod, Freude und Schmerz, Verzückung und Qual, Wohlwollen und Grausamkeit, Jäger und Beute, Stier und Schaf, Mann und Frau, Sanftmut und Gewalt, Begierde und Abkehr ... Dionysos ist ein Gott, der stirbt.

Während Apollon den heutigen Manager vorwegnahm, war Dionysos vielleicht ein frühes «Blumenkind». Auf dem Gebiet der Künste stand Apollon für scharfe, Dionysos für weiche Konturen. Apollon für plastische und darstellende Kunst wie Malerei und Bildhauerei, Dionysos für die Musik. Apollon für den Menschen, der geht und redet, Dionysos für den, der tanzt. Dem apollinischen Optimismus steht der Pessimismus des Dionysos gegenüber. Als Silen, der Lehrer des Dionysos, von König Midas gefragt wurde, welches das höchste Privileg der Könige sei, antwortete er zynisch: «Jenes, nie geboren zu sein, und da dies nicht mehr möglich ist, so schnell wie möglich zu sterben.»

Sehr vereinfacht könnte man sagen, daß Nietzsche «apollinisch» geboren wurde und «dionysisch» starb. Sein Leben läßt sich in drei Phasen einteilen.

— die Jugend, von 1844 bis 1869;
— die Universitätslaufbahn, von 1869 bis 1889;
— der Wahnsinn, von 1889 bis 1900;

Die erste Phase steht ganz im Zeichen der Ordnung. Mit knapp vier Jahren verliert Friedrich den Vater, der protestantischer Pfarrer war, und lebt fortan unter dem Regiment der Mutter, Franziska Oehler, die ebenfalls einer lutherischen Pfarrersfamilie entstammt. Ein Blick der resoluten, strengen Frau genügt oft schon, um ihre Kinder zur Räson zu bringen. Vom Sklavendasein unter der Mutter wechselt Friedrich übergangslos zu dem in der Landesschule in Pforta über, einer paramilitärischen Lehranstalt, in der die Schüler morgens um fünf geweckt werden und dann bis abends um neun lernen müssen, nur unterbrochen von einer Stunde an der frischen Luft und einer für die Mahlzeiten. Praktisch handelt es sich um eine Kaserne, um nicht zu sagen: ein Gefängnis.

Ich könnte mir gut vorstellen, daß sich Nietzsches rebellischer Charakter in jenen ersten zwanzig Jahren «schulischer Haft» herausgebildet hat.

Die Mutter hegt den Wunsch, daß er der Familientradition entsprechend Seelsorger wird. Doch der junge Nietzsche fühlt sich mehr zur Musik, zur Dichtkunst und zum Studium der klassischen Autoren hingezogen. Er liebt Beethoven, Mozart und Schubert, haßt Berlioz und Liszt, entdeckt Schopenhauer und wählt ihn zu seinem geistigen Vorbild, begeistert sich für Sallust und Homer, bewundert Byron und manche seiner «Übertreibungen», kann jedoch anderen romantischen Schriftstellern nichts abgewinnen. Frauen haben in seinem Leben kaum Bedeutung: Die Schwester eines seiner Klassenkameraden erweckt sein Interesse; er komponiert ein Stück für sie, doch zu einer weiteren Annäherung kommt es nicht.

Dieser junge Nietzsche ist schon ein seltsamer Bursche: Er ist ungesellig, fast rassistisch eingestellt, sondert sich von den Klassenkameraden ab und stellt verrückte Sachen an. So hält er zum Beispiel, à la Gaius Mucius Scaevola, seine Hand einige Sekunden lang in eine Flamme, nur um, vielleicht mehr sich selbst als anderen, seine vollkommene Gleichgültigkeit Schmerz gegenüber zu beweisen. Er haßt die Mathematik, liebt Latein und Griechisch und entwickelt bizarre Ideen auf dem Gebiet der Religion. So behauptet er zum Beispiel, bei der dritten Person der Dreifaltigkeit handle es sich nicht um den Heiligen Geist, sondern um den Teufel, so als hätte Gott zu dreiunddreißig Prozent eine satanische Komponente.

Am 10. Januar 1869, im Alter von vierundzwanzig Jahren, erhält Nietzsche einen Ruf auf den Lehrstuhl für klassische Philologie an der Universität Basel. So beginnt seine zweite Lebensphase. Wohlwollend wird er in der Schweizer Umgebung aufgenommen – sicher auch mit ein wenig Neugier. Aber wie hätte es bei diesem jungen, exzentrischen Professor mit dem mächtigen, wie ein Fahrradlenker gebogenen Schnurrbart auch anders sein können. Dazu trägt er, wenn er ausgeht, stets einen sonderbaren grauen Zylinderhut, wie man ihn dort in Basel noch nie gesehen hat. Dahinter steckt, daß sich der Philosoph besondere Mühe gibt, elegant zu erscheinen, was bei seinem bescheidenen Einkommen allerdings nicht immer gelingt. Gegenüber seiner Schulzeit ist er jetzt auch viel geselliger. So frequentiert er zum Beispiel den «Dienstags-Club», wo er sogar Klaviersonaten, Tänze und Lieder zum besten gibt.

Jetzt in der Schweiz entwickeln sich wichtige Freundschaften: mit Richard Wagner und seiner Frau Cosima, dem Historiker Jacob Burckhardt und dem Theologen Franz Overbeck. Zwiespältig ist seine Beziehung zu Cosima Wagner, der Tochter von Liszt und Ex-Gattin des Dirigenten Hans von Bülow, die zeitweise für den jungen Fritz freundschaftliche Gefühle hegt, sich zeitweise aber auch verärgert von ihm abkehrt, so daß Nietzsches Verhältnis zum Ehepaar Wagner insgesamt von zahlreichen Höhen und Tiefen gekennzeichnet ist.

In dieser Zeit veröffentlicht Nietzsche viele seiner wichtigsten Werke: *Die Geburt der Tragödie* (1872), *Menschliches, Allzumenschliches* (1878), *Die fröhliche Wissenschaft* (1882), *Also sprach Zarathustra* (1883 bis 1885) und *Jenseits von Gut und Böse* (1886). Zu *Menschliches, Allzumenschliches* sei noch angemerkt, daß ihm sein Verleger eigens Glückwünsche zum Verkauf von zweihundert Exemplaren des Werkes in nur drei Monaten übermittelt. Das ist die Hälfte der gesamten Auflage: ein wahrer Bestseller zu jener Zeit.

Auf wissenschaftlichem Gebiet jedoch wird seine Stellungnahme zu Sokrates und Jesus als skandalös empfunden. Während er das Denken der ersten Vorsokratiker (Thales, Heraklit, Empedokles und Pythagoras) durchaus gutheißt, wirft er Sokrates vor, die Bedeutung des «Ich» überschätzt und damit die «Fehler» des Christentums vorweggenommen zu haben. Nietzsche versteigt sich sogar zu der Behauptung, die Athener hätten recht daran getan, Sokrates den Schierlingsbecher leeren zu lassen.

In jener Zeit wird sein Gesundheitszustand besorgniserregend. Nietzsche leidet an ständiger Migräne und Magenschmerzen und droht sogar zu erblinden. Er kann nicht mehr länger als eine Stunde am Stück lesen, und für alle wissenschaftlichen Arbeiten braucht er jemanden, der ihm zur Hand geht. Aus gesundheitlichen Gründen gibt er dann auch im Jahr 1879 seinen Lehrstuhl an der Universität auf.

Jetzt beginnt seine Zeit als wandernder Philosoph: Er reist kreuz und quer durch Italien und erlebt dort eine für ihn sehr bezeichnende Episode seines Lebens: die Bekanntschaft mit Lou Salomé und Paul Rée. Nicht zufällig nenne ich dieses Verhältnis «Bekanntschaft», denn inwieweit es sich tatsächlich um eine Freundschaft handelt, läßt sich nur schwer sagen. Lou Salomé ist ein faszinierendes einundzwanzigjähriges Mädchen russischer Herkunft, erfüllt von einer starken Leidenschaft für die klassische Philologie und speziell für die Philosophie, Paul Rée ein gutaussehender junger Mann mit den gleichen Interessen. Nietzsche lernt die beiden im Petersdom in Rom kennen, und schon nach zehn Minuten hat die junge Frau ihm den Kopf verdreht. Er will sie zu seiner Privatschülerin machen und sieht in ihr schon die Erbin seines ganzen philosophischen Denkens. Als er um ihre Hand anhält, lehnt sie ab; auch den Heiratsantrag von Paul Rée weist sie zurück. Zwischen den beiden Männern entbrennt nun ein harter Kampf um die Gunst des jungen Mädchens mit den wunderschönen Augen. Keiner will sie verlieren, und so willigen beide ein, es mit einer *ménage à trois* zu versuchen. Das Haus, das Salomé zu diesem Zweck ausgesucht hat, verfügt über einen großen zentralen Raum, der mit Blumen und Büchern überfüllt ist, und daneben drei Schlafzimmer. So kann sie, wenn sie will, alleine schlafen oder sich aber einen der beiden zur Verfügung stehenden Gefährten für die Nacht aussuchen. Nach sechs Monaten ist der Versuch gescheitert.

Nietzsches dritte Phase beginnt am 3. Januar 1889 in Turin. Als der mittlerweile Fünfundvierzigjährige beobachtet, wie ein Kutscher auf einen alten Gaul einschlägt, bricht er in Tränen aus. Dann küßt er das Pferd aufs Maul und sinkt ohnmächtig zu Boden. Sein Freund Overbeck läßt ihn nach Rücksprache mit einem Nervenarzt in eine Klinik in Basel einweisen. Hier versucht Nietzsche weiterzuarbeiten, doch es kommt nur noch Stückwerk dabei heraus. Daneben schreibt er Briefe an seine besten Freunde, an Cosima Wagner, Burckhardt und Overbeck, sowie Botschaften, die mit den verschrobensten Namen unterzeichnet sind – Dionysos, Fromentin, Antichrist, Kruzifix und dergleichen mehr.

Nach einiger Zeit läßt ihn seine Mutter, die ihn in ihrer Nähe wissen will, nach Jena bringen, doch sein Gesundheitszustand verschlechtert sich von Tag zu Tag. Das *Krankenjournal*, der Krankenbericht der Klinik, spricht eine deutliche Sprache: «Das Verhalten des Patienten ist erschütternd. Er trinkt seinen eigenen Urin, beschmiert sich den Körper mit seinen Exkrementen, verletzt einen anderen Patienten mit Fußtritten, schlägt Fensterscheiben ein, behauptet, in einer Nacht mit vierundzwanzig Prostituierten geschlafen zu haben, leidet unter Verfolgungswahn, äußert den Verdacht, das Personal wolle ihn vergiften, erblickt überall auf ihn gerichtete Gewehre, hält seine Krankenschwester für Bismarck.»

Er stirbt am 25. August 1900.

Nietzsches Philosophie läßt sich praktisch nicht zusammenfassen, da er alles und gleichzeitig das Gegenteil von allem behauptet hat. Man muß ihn schon selbst lesen, um mit seiner Gedankenwelt vertraut zu werden. Im folgenden beschränke ich mich darauf, einige Zitate von ihm wiederzugeben, die, wie mir scheint, für sein philosophisches Denken am bezeichnendsten sind.

Du großes Gestirn! Was wäre dein Glück, wenn du nicht die hättest, welchen du leuchtest!

(Also sprach Zarathustra)

Der Mensch ist ein Seil, geknüpft zwischen Tier und Übermensch – ein Seil über einem Abgrunde.

(ebd.)

Ich liebe die, welche nicht zu leben wissen, es sei denn als Untergehende, denn es sind die Hinübergehenden.

(ebd.)

Ich liebe den, welcher lebt, damit er erkenne.

(ebd.)

Man muß noch Chaos in sich haben, um einen tanzenden Stern gebären zu können.

(ebd.)

Drei Verwandlungen nenne ich euch des Geistes: wie der Geist zum Kamele wird, und zum Löwen das Kamel, und zum Kinde zuletzt der Löwe.

(ebd.)

Was haben wir gemein mit der Rosenknospe, welche zittert, weil ihr ein Tropfen Tau auf dem Leibe liegt?

(ebd.)

Es ist immer etwas Wahnsinn in der Liebe. Es ist aber auch immer etwas Vernunft im Wahnsinn.

(ebd.)

Ich würde nur an einen Gott glauben, der zu tanzen verstünde.

(ebd.)

Ich habe gehen gelernt: seitdem lasse ich mich laufen.

(ebd.)

Ich überspringe oft die Stufen, wenn ich steige – das verzeiht mir keine Stufe.

(ebd.)

Ihr seid häßlich? Nun wohlan, meine Brüder! So nehmt das Erhabne um euch, den Mantel des Häßlichen!

(ebd.)

Auflehnung – das ist die Vornehmheit am Sklaven.

(ebd.)

Alle Vereinsamung ist Schuld: also spricht die Herde.

(ebd.)

Ist es nicht besser, in die Hände eines Mörders zu geraten, als in die Träume eines brünstigen Weibes?

(ebd.)

Daß ihr doch wenigstens als Tiere vollkommen wäret! Aber zum Tiere gehört die Unschuld.

(ebd.)

«Einer ist immer zuviel um mich» – also denkt der Einsiedler. «Immer einmal eins – das gibt auf die Dauer zwei!»

(ebd.)

Der Mann soll zum Kriege erzogen werden und das Weib zur Erholung des Kriegers.

(ebd.)

Das Glück des Mannes heißt: ich will. Das Glück des Weibes heißt: er will.

(ebd.)

Alles, was tief ist, liebt die Maske: die allertiefsten Dinge haben sogar einen Haß auf Bild und Gleichnis.

(Jenseits von Gut und Böse)

Ich und Mich sind immer zu eifrig im Gespräch: wie wäre es auszuhalten, wenn es nicht einen Freund gäbe? Immer ist für den Einsiedler der Freund der Dritte: der Dritte ist der Kork, der verhindert, daß das Gespräch der Zweie in die Tiefe sinkt.

(Also sprach Zarathustra)

Andern altert das Herz zuerst und andern der Geist. Und einige sind greis in der Jugend.

(ebd.)

Nicht will mein Geist mehr auf abgelaufnen Sohlen wandeln.

(ebd.)

Am meisten aber wird der Fliegende gehaßt.

(ebd.)

Das Leben besteht aus seltenen einzelnen Momenten von höchster Bedeutsamkeit und unzählig vielen Intervallen. Viele Menschen jedoch haben jene Momente gar nicht und sind selber Intervalle und Pausen in der Symphonie des wirklichen Lebens.

(Menschliches, Allzumenschliches)

Ich liebe den Schatten, wie ich das Licht liebe. Damit es Schönheit gebe, ist der Schatten so nötig wie das Licht. Es sind nicht Gegner; sie halten sich vielmehr liebevoll an den Händen, und wenn das Licht verschwindet, schlüpft ihm der Schatten nach.

(ebd.)

Vielleicht ist die Weiblichkeit der größte Reiz des Lebens. Ihr Kleid ist ein mit Gold bestickter Schleier, ein Schleier unzähliger Möglichkeiten: Sie verspricht, weicht schamvoll zurück, läßt sich erweichen, lacht dich aus und verführt dich. Das Leben ist eine Frau!

(Die fröhliche Wissenschaft)

Wagner gehört bloß zu meinen Krankheiten.

(Götzendämmerung)

Mein Vater starb mit sechsunddreißig Jahren; er war zart, liebenswürdig und morbid, wie ein nur zum Vorübergehn bestimmtes Wesen.

(Ecce homo)

Ich habe eine erschreckliche Angst davor, daß man mich eines Tages heilig spricht. Ich will kein Heiliger sein, lieber noch ein Hanswurst. Vielleicht bin ich ein Hanswurst...

(ebd.)

Das Spiel zu
Ordnung und Unordnung

Zum Abschluß meines Buches über Ordnung und Unordnung habe ich mir ein kleines Spiel ausgedacht, bei dem jeder seine eigenen Vorstellungen zum Thema klären kann. Es geht darum, die Namen von rund zweihundert berühmten Persönlichkeiten aus allen Epochen in zwei Listen einzuteilen, in eine Liste der Ordnung und eine der Unordnung. Danach können Sie vergleichen, inwieweit Ihre Einschätzungen mit den hier vorgeschlagenen übereinstimmen. Um Zeit zu sparen, unterstreichen Sie die Namen am besten einfach mit einem schwarzen (die Farbe der Ordnung) oder roten (die Farbe der Unordnung) Filzstift.

Ich muß zugeben, daß mir eine Einteilung gar nicht so leichtfällt: Bei einigen Namen weiß man einfach nicht, wo man sie hintun soll. Ist Umberto Eco zum Beispiel, um nur einen herauszugreifen, eher im Feld Ordnung oder in dem der Unordnung anzusiedeln? Wahrscheinlich war er früher, als er noch in der literarischen und politischen Avantgarde mitmischte, eher zu den «Unordentlichen» zu zählen. Doch seitdem er jede Woche seine Rubrik für das Nachrichten-magazin *Espresso* zu schreiben hat, ist er immer mehr, ohne es selbst zu merken, von der Unordnung zur Ordnung übergewechselt. Wie man sieht, reicht manchmal schon ein fester Abgabetermin, um einen Charakter zu ändern. Es ist also völlig unnötig, sich darüber zu ereifern, daß ein bestimmter Name nicht in der einen, sondern in der anderen Liste auftaucht. Die Übergänge sind oft fließend. Man denke zum Beispiel an Federico Fellini. Bei ihm kamen in besonderer Weise Professionalität und Intuition, Ordnung und Unordnung also, zusammen. Auch seinen Filmen nach können wir ihn beiden Kategorien zuordnen. *Orchesterprobe* ist eine Hymne an die Ordnung, *Die Stimme des Mondes* eine an die Unordnung. Oder nehmen wir Indro Montanelli*. Seinen Artikeln nach scheint er ein echter «Unordnungs-Profi» zu sein: Da schimpft und zetert er und legt sich ständig mit irgend jemandem an. Wenn es dann jedoch um die Praxis geht und die Parlamentswahlen näher rücken, ruft er dazu auf, sich die Nase zuzuhalten und für die Ordnung zu stimmen. Da soll sich noch einer auskennen!

Um es noch einmal zu sagen: Praktisch über jede Einteilung läßt sich streiten, und ich maße mir auch keineswegs an, bei jedem Namen richtig zu liegen. Auf alle Fälle sollte sich der Leser davor hüten, alle,

* Italienischer Journalist und Schriftsteller, Anm. d. Übers.

die er sympathisch findet, der einen und alle ihm Unsympathischen der anderen Seite zuzuschlagen. Das käme einer Aufteilung in zwei feindliche Lager gleich, die der Sache nicht gerecht würde. Beide Prinzipien, Ordnung und Unordnung, sind unverzichtbar: die Unordnung, um einen Traum zu gebären, die Ordnung, um ihn Wirklichkeit werden zu lassen. Am Schluß können Sie noch, wenn Ihnen danach ist, Ihren eigenen Namen einer der beiden Listen zufügen.

Achilles – Hans Albers – Konrad Adenauer – Andre Agassi – Gianni Agnelli – Alkestis – Alkibiades – Alexander der Große – Dante Alighieri – Woody Allen – Giulio Andreotti – Antisthenes – Apollon – Ludovico Ariosto – Aristides – Aristoteles – Louis Armstrong – Athene – Attila – Rudolf Augstein – Augustinus – Augustus – Johann Sebastian Bach – Bacon – Michail Bakunin – Gino Bartali – Pina Bausch – die Beatles – Ludwig van Beethoven – Silvio Berlusconi – Joseph Beuys – Alfred Biolek – Otto Bismarck – Roy Black – Giovanni Boccaccio – Hieronymus Bosch – Umberto Bossi – Willy Brandt – Giordano Bruno – Luís Bunuel – Lord Byron – Don Camillo – Caravaggio – Catilina – Cavour – Adriano Celentano – Julius Caesar – Agatha Christie – Winston Churchill – Cicero – Fausto Coppi – Benedetto Croce – Gabriele D'Annunzio – Luciano De Crescenzo – Descartes – Diogenes – Dionysos – Antonio Di Pietro – Marion Gräfin von Dönhoff – Donald Duck – Umberto Eco – Empedokles – Epiktet – Epikur – Heinz Erhard – Federico Fellini – Dario Fo – Bruno Ganz – Giuseppe Garibaldi – Giotto – Johann Wolfgang von Goethe – Gott – Günther Grass – Che Guevara – Harlekin – G. W. F. Hegel – Helena von Troja – Ernest Hemingway – Heraklit – Herodes – Herostratos – Dieter Hildebrandt – Alfred Hitchcock – Adolf Hitler – Hippokrates – Mister Hyde – Günter Jauch – Doctor Jekyll – Jesus – Franz Kafka – Sören Kierkegaard – Klaus Kinski – Helmut Kohl – Kolumbus – Nikolaus Kopernikus – Hans Joachim Kuhlenkampff – Vicky Leandros – Robert Lembke – Siegfried Lenz – Sofia Loren – Martin Luther – Rosa Luxemburg – Niccolò Machiavelli – Heinrich Mann – Thomas Mann – Alessandro Manzoni – Diego Armando Maradona – Jean-Paul Marat – Masaccio – Henry Maske – Medea – Micky Maus – Fürst Metternich – Marilyn Monroe – Indro Montanelli – Wolfgang Amadeus Mozart – Benito Mussolini – Gianna Nannini – Napoleon – Nestor – Günther Netzer – Nero – Rudolf Nurejew – Odysseus – Pier Paolo Pasolini – Luciano Pavarotti – Penelope – Peppone – Petrus – Phaeton – Pinturicchio – Michel Platini – Platon – Karl Popper – Jackson Pollock – Elvis Presley – Prokrustes – Pulcinella – Pythagoras – Ronald Reagan – Totò Riina – Arthur Rimbaud – Gianni

Rivera – Robespierre – die Rolling Stones – Anneliese Rothenberger – Jean Jacques Rousseau – Heinz Rühmann – Bertrand Russell – Marquis de Sade – Lou Salomè – Friedrich Schiller – Volker Schlöndorf – Harald Schmidt – Margarethe Schreinemakers – Michael Schuhmacher – Frank Sinatra – Sokrates – Solon – Stalin – Ingrid Steeger – Freiherr vom Stein – Michael Stich – Franz Josef Strauß – Igor Strawinski – der heilige Symeon – der Teufel – Ernst Thälmann – Margaret Thatcher – Thersites – Leo Trotzki – Thomas von Aquin – Totò – Katharina Valente – Karl Valentin – Van Gogh – Luchino Visconti – Voltaire – Otto Waalkes – John Wayne – Konstantin Wecker – Oscar Wilde – Papst Woityla – Peter Zadek – Franco Zeffirelli – Zeus.

Ordnung	Unordnung
Konrad Adenauer	Caravaggio
Gianni Agnelli	Joschka Fischer
Hans Albers	Bruno Ganz
Alexander der Große	Odysseus
Dante Alighieri	Gabriele D'Annunzio
Alkestis	Thersites
Giulio Andreotti	Willy Brandt
Apollon	Dionysos
Thomas von Aquin	Martin Luther
Ludovico Ariosto	Franz Kafka
Aristides	Phaeton
Aristoteles	Diogenes
Athene	Heraklit
Augustinus (nach seiner Bekehrung)	Augustinus (vor seiner Bekehrung)
Augustus	Nero
Bacon	Van Gogh
Johann Sebastian Bach	Che Guevara
die Beatles	die Rolling Stones
Ludwig van Beethoven	Louis Armstrong
Silvio Berlusconi	Alkibiades
Roy Black	Adriano Celentano
Julius Caesar	Michail Bakunin
Cavour	Giuseppe Garibaldi
Cicero	Catilina
Fausto Coppi	Gino Bartali
Agatha Christie	Ernest Hemingway
Winston Churchill	Lord Byron
Benedetto Croce	Sokrates

Descartes	Hieronymus Bosch
Marion Gräfin v. Dönhoff	Rudolf Augstein
Umberto Eco	Klaus Kinski
Epiktet	Symeon, der Säulenheilige
Epikur	Herostratos
Heinz Erhard	Totò
Giotto	Marquis de Sade
J. W. v. Goethe	F. Schiller
Gott	Teufel
G. W. F. Hegel	Sören Kierkegaard
Herodes	Otto Waalkes
Hippokrates	Arthur Rimbaud
Alfred Hitchcock	Pier Paolo Pasolini
Hitler	Ernst Thälmann
Doctor Jekyll	Mister Hyde
Helmut Kohl	Giordano Bruno
Vicky Leandros	Gianna Nannini
Robert Lembke	Hans Joachim Kuhlenkampff
Siegfried Lenz	Günther Grass
Sofia Loren	Marilyn Monroe
Niccolò Machiavelli	Nikolaus Kopernikus
Thomas Mann	Heinrich Mann
Alessandro Manzoni	Giovanni Boccaccio
Henry Maske	Pinturicchio
Micky Maus	Donald Duck
Fürst Metternich	Freiherr vom Stein
Indro Montanelli	Günter Jauch
W. A. Mozart	Igor Strawinski
Mussolini (nach 1922)	Mussolini (bis 1922)

Napoleon
Nestor
Rudolf Nurejew
Lucciano Pavarotti
Penelope
Peppone
Petrus
Antonio Di Pietro
Michel Platini
Platon
Karl Popper
Prokrustes
Pythagoras
Ronald Reagan
Totò Riina
Gianni Rivera

Robespierre
Anneliese Rothenberger
Heinz Rühmann
Bertrand Russell
Volker Schlöndorff
Michael Schuhmacher
Frank Sinatra
Solon
Stalin
Michael Stich
Franz Josef Strauß
Margaret Thatcher
Caterina Valente

Kolumbus
Helena von Troja
Pina Bausch
Konstantin Wecker
Achilles
Don Camillo
Jackson Pollock
Elvis Presley
Günther Netzer
Antisthenes
Lou Salomé
Harlekin
Empedokles
Woody Allen
Medea
Diego Armando Maradona

Marat
Ingrid Steeger
Karl Valentin
Joseph Beuys
Federico Fellini
Dario Fo
Luís Buñuel
Rosa Luxemburg
Leo Trotzki
Andre Agassi
Dieter Hildebrandt
Jesus
Margarethe Schreinemakers

Luchino Visconti   Pulcinella
Voltaire   Jean-Jacques Rousseau
John Wayne   Oscar Wilde
Papst Woityla   Umberto Bossi
Franco Zeffirelli   Peter Zadek
Zeus   Masaccio

Luciano De Crescenzo